车载网络技术

主编　龙志军　冯竞祥　李泽斌

WUHAN UNIVERSITY PRESS
武汉大学出版社

图书在版编目(CIP)数据

车载网络技术/龙志军,冯竞祥,李泽斌主编. —武汉:武汉大学出版社,
2017.4
ISBN 978-7-307-11719-8

Ⅰ.车… Ⅱ.①龙… ②冯… ③李… Ⅲ.汽车—计算机网络—教
材 Ⅳ.U463.67

中国版本图书馆 CIP 数据核字(2017)第 025336 号

责任编辑:刘小娟 责任校对:邓 瑶 装帧设计:张希玉

出版发行:**武汉大学出版社** (430072 武昌 珞珈山)
(电子邮件:whu_publish@163.com 网址:www. stmpress. cn)
印刷:广东虎彩云印刷有限公司
开本:787×1092 1/16 印张:7 字数:170 千字
版次:2017 年 4 月第 1 版 2017 年 4 月第 1 次印刷
ISBN 978-7-307-11719-8 定价:25.00 元

前　言

　　佛山职业技术学院与长安福特汽车有限公司于 2011 年 10 月在佛山签署校企合作协议,拉开了校企共建汽车类专业的深度合作序幕。佛山职业技术学院与长安福特汽车有限公司校企合作的三大主要内容包括:合作建立长安福特华南培训中心;开展长安福特汽车检测与维修技术专业定向培训班(订单班)人才培养;建立长安福特汽车钣金培训中心,合作开展车身维修技术培训,共建汽车车身维修技术专业。2012 年 6 月,长安福特汽车有限公司注资近千万元建设的长安福特华南培训中心在佛山职业技术学院动工;2012 年 9 月,长安福特首期经销企业技师培训班在佛山职业技术学院开班,首届长安福特汽车检测与维修技术专业定向班同时开学;2013 年汽车检测与维修技术专业成为广东省示范性专业建设项目;合作共建的汽车钣金培训中心于 2015 年开始对长安福特经销企业钣金技师进行培训;合作共建的汽车车身维修技术专业于 2015 年被广东省教育厅确定为广东省二类品牌专业。

　　在佛山职业技术学院与长安福特汽车有限公司深入开展校企合作的过程中,校企双方专家深度合作,以理实一体化项目教学的方式实施教学,引用长安福特最新车型的核心技术资料,引入长安福特企业维修技术标准,联合进行校企合作教材开发,编写了系列教材用于高职在校学生和企业技师技术培训。佛山职业技术学院与长安福特汽车有限公司共同开发校企合作教材,列入了佛山职业技术学院创建广东省示范性高职院校建设项目之中。第一批 6 部校企合作教材分别是《发动机构造与检修》《轿车底盘构造与检修》《汽车电气系统检修》《发动机电控系统检修》《底盘电控系统检修》《自动变速器结构原理》等,已于 2014 年 8 月公开出版。

　　佛山职业技术学院与长安福特汽车有限公司第二批校企合作教材也是 6 部,即《汽车维护》《车身电控系统检修》《汽车检修技术》《车载网络技术》《汽车装配与调整》《汽车总装技术》等。这 6 部教材的作者是由佛山职业技术学院汽车工程系教师和长安福特汽车有限公司指定培训机构北京喜沃思咨询有限公司的专家组成的,在校企合作的基础上联合开发建设,采用长安福特最新车型技术参数,引入长安福特企业维修技术标准,按照理实一体化的项目教学组织形式,编写教材内容。

　　本套教材的开发和出版是佛山职业技术学院与长安福特汽车有限公司开展深度校企合作的成果之一,也是佛山职业技术学院创建广东省示范性高职院校建设项目的成果之一。在教材开发过程中,校企双方的专家进行了反复研讨,得到了长安福特汽车有限公司、北京喜沃思咨询有限公司、佛山职业技术学院有关部门和领导的大力支持,并得到了佛山职业技术学院广东省示范性高职院校建设项目的立项和经费资助。教材内容编写采用全新的架构,适合理实一体化教学过程中组织实施教学。

　　《汽车维护》由佛山职业技术学院彭华勇、黄如君和长安福特汽车有限公司指定培训机构北京喜沃思咨询有限公司刘京共同担任主编,由彭华勇负责统稿,其中彭华勇编写了第 1 章和第 2 章,黄如君编写了第 3 章和第 4 章,刘京编写了第 5 章和第 6 章。

　　《车身电控系统检修》由佛山职业技术学院崔巍、刘顺祥和长安福特汽车有限公司指定培训机构北京喜沃思咨询有限公司王海元共同担任主编,由崔巍负责统稿,其中崔巍编写了第1章和第4章,刘顺祥编写了第3章和第5章,王海元编写了第2章和第6章。

　　《汽车检修技术》由佛山职业技术学院陈文波、张东霞和长安福特汽车有限公司指定培训机构北京喜沃思咨询有限公司王瑞丰共同担任主编,由陈文波负责统稿,其中陈文波编写了第2章,张东霞编写了第1章,王瑞丰编写了第3章。

　　《车载网络技术》由佛山职业技术学院龙志军、冯竞祥和长安福特汽车有限公司指定培训机构北京喜沃思咨询有限公司李泽斌共同担任主编,由龙志军负责统稿,其中龙志军编写了第1章和第3章,冯竞祥编写了第2章,李泽斌编写了第4章。

　　《汽车装配与调整》由佛山职业技术学院谭永刚、黄洁明和长安福特汽车有限公司指定培训机构北京喜沃思咨询有限公司董洪波共同担任主编,由谭永刚负责统稿,其中谭永刚编写了第1章,黄洁明编写了第2章,董洪波编写了第3章。

　　《汽车总装技术》由佛山职业技术学院唐建生、李兵建和长安福特汽车有限公司指定培训机构北京喜沃思咨询有限公司张亮共同担任主编,由唐建生负责统稿,其中唐建生编写了第1章,李兵建编写了第2章和第3章,张亮编写了第4章和第5章。

　　在本套教材的开发过程中,还得到了长安福特汽车有限公司、北京喜沃思咨询有限公司及长安福特华南培训中心有关专家的帮助和资料提供,得到了佛山职业技术学院有关专家的编写建议和具体指导,并参考了有关技术文献,在此一并致谢。由于编者水平有限,差错难免,请读者予以批评指正。

编　者

2017 年 1 月

目　　录

1 车载网络基本知识

学习目标

完成本章的学习后,达到以下目标:

✲ 能够说出车载网络的发展。

✲ 能够解释车载网络的优点。

✲ 能够说出多路传输术语的定义。

1.1 车载网络发展

车载网络是计算机网络技术与自动控制技术相结合产生的新兴技术,它支持汽车向智能化发展。早期汽车上采用点对点网络,每个通信信道以一根线束的形式被分配给每个传输的信号。随着汽车上电子控制单元(EW)逐年增多,这种通信方式致使线束激增,使整车的布线十分复杂,难以进行有效管理,而且线束的增加既增加原材料成本,又不利于轻量化设计,同时大量连接器的使用导致可靠性降低。为了解决上述问题,人们把所有点对点连接映射为一个通信介质(总线),所有电子控制单元共享总线、数据以位连续的形式传输,总线网络由此产生。它的应用使布线简单、设计简化、成本降低,可靠性和可维护性提高,减少了空间需求和重量,同时总线网络具备高速传输和诊断等功能。

车载网络发展如图 1-1 所示。

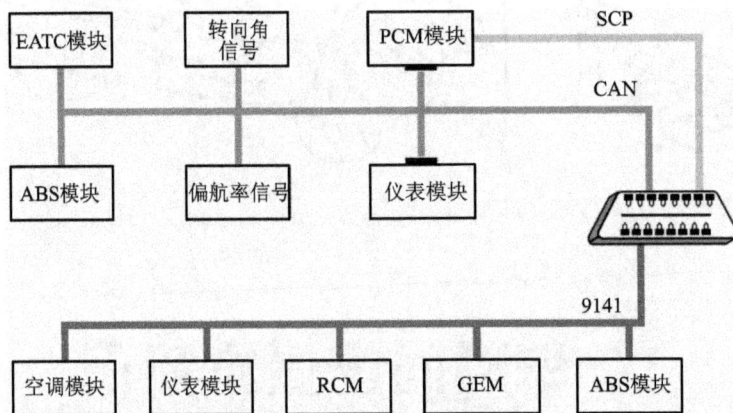

图 1-1　车载网络发展

1.1.1　车载网络的发展现状

自 20 世纪 80 年代初日本丰田公司率先在汽车上使用光缆连接的车门控制系统,采用集中控制方式实现多个节点的连接通信以来,车载网络技术开始形成和发展,走向成熟并且得到逐步的推广应用,显示出特有的优势和强大的生命力。目前各类车载网络标准已有 40 余种。20 世纪 90 年代中期,美国汽车工程师学会(SAE)根据位传输速率和应用范围将车载网络分为 A、B、C 三类。近年来,随着导航、多媒体、安全系统在汽车上的应用,对网络的可靠性和带宽提出了更高的要求,又发展了 D、E 类网络,见表 1-1。

表 1-1　　　　　　　　　　　　　　　SAE 车载网络分表

网络分类	位传输速率	应用范围	主流协议
A 类	<20kb/s	刮水器、后视镜以及其他智能传感器	LIN、TTP/A
B 类	20~125kb/s	车灯、车窗等信号多实时性低单元	低速 CAN

续表

网络分类	位传输速率	应用范围	主流协议
C 类	0.125～25Mb/s	发动机、ABS 等实时性要求高的控制单元	FlexRay、TTP/C、高速 CAN
D 类	25～150Mb/s	导航、多媒体系统	IDB -1394、MOST
E 类	10Mb/s	气囊等面向成员的被动安全系统	Byteflight

1.1.2 车载网络的应用

早期车载网络结构是一条串行总线取代控制系统间的点对点的连线,只需要在原来的每个控制单元上增加特定的硬件接口,并制定相应的信息发送与接收协议,就可以实现总线数据交换。然而为了进一步提高汽车的性能,信息交换的需求不断增长,信息交换的范围也越来越广,各电子设备对通信功能要求的区别也越来越大。因此,近年来的车载网络多采用较为复杂的网络结构,如图 1-2 所示。

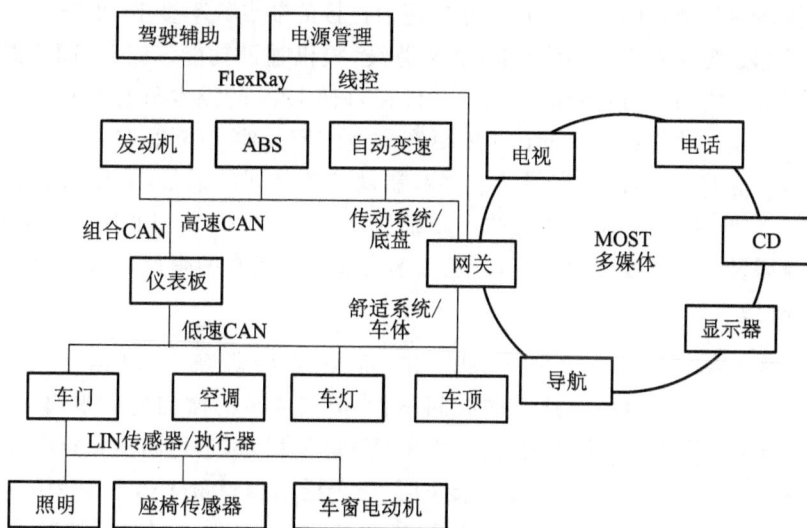

图 1-2 车载网络结构

图 1-2 根据实际需求和总线特点综合应用了 CAN、LIN、FlexRay 和 MOST 总线,并通过网关彼此连接,实现了车内的有效通信。下面分别介绍 4 种总线的发展历史、技术特点和应用情况。

1. CAN 总线

20 世纪 80 年代,德国 BOSCH 和 Inter 公司联合研制并推广应用 CAN(Controller Area Network,控制器局域网)总线。1991 年,德国 BOSCH 公司制定并发布了 CAN 技术规范(Version 2.0)。1991 年,CAN 总线最先在 Benz S 系列轿车上应用。1993 年,ISO 正式颁布了控制器局域网(CAN)国际标准(ISO 11898)。1994 年,SAE 颁布基于 CAN 的 J1939 标准。

一般来说,CAN 的拓扑结构为总线拓扑,通信介质为双绞线、同轴电缆或光纤,选择灵活。节点数主要取决于总线驱动电路,具有很高的灵活性。CAN 总线与一般的通信总线相比,它的数据通信具有突出的可靠性、实时性和灵活性,得到了最为广泛的应用,从高速的网络到低价位的多路配线都可以使用 CAN。在汽车的电子行业里,使用 CAN 连接发动机、自动变速器、ABS、防滑系统等实时性要求较高的控制单元,其传输速率达 500kb/s。同时,可以将 CAN 安装在汽车本体的电子控制系统里,诸如车灯组、电气车窗等,用以代替接线配线装置。在欧洲,BMW、Volvo 公司等都将 CAN 作为它们电子系统控制器网络化的手段。

2. LIN 总线

1999 年,整车制造商 Audi、BMW、DaimlerChrysler、Volvo、VW 以及半导体生产商 Motorola 共同创建了 LIN(Local Interconnect Network)协会,其目的是为汽车网络系统提供一个开放的 A 类串行总线通信标准,允许在此基础上开发汽车低端网络系统,并且不需要使用者支付使用费或版税。2003 年 9 月,LIN 协会发布了 LIN 协议(Version 2.0),加入了一些新的特性,主要是标准化节点配置/诊断的支持,指定节点能力描述文件。LIN 总线采用单主多从、配置灵活的总线网络结构。主节点控制整个网络的通信,网络中不存在冲突,不需要仲裁。整个网络的配置信息只包含在主节点中,从节点可以自由接入或脱离网络而不会对网络中的其他节点产生任何影响。网络中的节点数不仅受标识符长度的限制,还受总线物理特性的限制。LIN 网络在实际应用中挂接的节点数不多于 12 个。

LIN 的目标是为现有汽车网络(如 CAN 总线)提供辅助功能。因此,LIN 总线是一种辅助的总线网络。使用最为普遍的低成本硬件接口使 LIN 的成本只有 CAN 的一半,采用单主机结构又使其在软件和系统设计上能更容易地兼容其他网络协议。在不需要 CAN 总线的带宽和多功能的场合,比如智能传感器和制动装置之间的通信,使用 LIN 总线可大大节省成本。在欧洲,几乎所有新开发的汽车都使用 LIN 总线,典型的应用有后视镜、刮水器、照明、座椅以及其他智能传感器等,它正逐渐发展为低成本的串行通信的行业标准。

3. FlexRay 总线

1999 年,整车制造商 DaimlerChrysler 和 BMW 开始研究 FlexRay 总线。2000 年,FlexRay 协会成立。虽然该协会成立的时间不长,但其成员的增加速度很快。FlexRay 总线为多主方式工作,以时间触发通信为主,兼顾"事件触发",可进行同步和异步数据传输,以满足各种需求。FlexRay 支持双通道冗余通信,每个通信信道最大速率 10Mb/s,具有极好的容错性能,提供灵活的配置,支持各种拓扑,如总线、主动星形和混合拓扑结构,物理层设备可选用双绞线或光纤。FlexRay 总线是适应未来车辆系统需求的高性能总线,BMW 就在其 X5-SUV 车型中采用了 FlexRay 总线进行悬架控制,其应用解决了高舒适性、高速驾驶安全性和敏捷性之间的矛盾。

4. MOST 总线

1998 年,整车制造商 DaimerChrysler、BMW、Becker 和 OASIS(已被半导体解决方案的全球供应商 SMSC 收购)共同建立了在汽车上推广使用 MOST(Media Oriented System Transport)标准的合作机构。2004 年,95% 的全球汽车制造商属于 MOST 协会。基于 MOST 网络的车上媒体系统已经在 BMW、Audi 等豪华轿车上应用。随着更大量数据需求的增长,下一代标准(MOST50)已定义,可提供原标准 2 倍的带宽。MOST 协会正在规划第 3 代网络,预计数据速率将达到 150Mb/s。

MOST 总线以塑料光纤为物理媒介构建环形拓扑结构,把位置分散、功能独立的车载多媒设备互连共享音频、视频和数据。在 MOST 网络中,利用一根光纤,最多可以同时传送 15 个频道、CD 质量的非压缩音频数据,在一个局域网上,最多可连接 64 个节点(装置),每个接入装置均有一对端口,即插即用。但是如果环状架构中的某一装置发生问题,总线就会停止运作。因此,MOST 总线主要应用于汽车上的多媒体设备,以及是为了其他诸如以流媒体传输速率为主要目标的市场而设计的。

新款奥迪 A6 轿车上通过 MOST 总线相连接的控制单元包括电话发送和接收器、电话、带 CD 机的导航系统、TV 调谐器、收音机调谐器和语音控制、数字式音响包控制单元、CD 机、数据总线自诊断接口、前部信息显示和操纵单元等。每一个与 MOST 总线相连接的控制单元内部都设置了信号的收发装置和其他装置。

图 1-3 从可靠性、带宽和成本方面对 CAN 总线、LIN 总线、FlexRay 总线和 MOST 总线进行比较,可以更直观地看出每种总线的突出特点,及各自适用的应用场合。

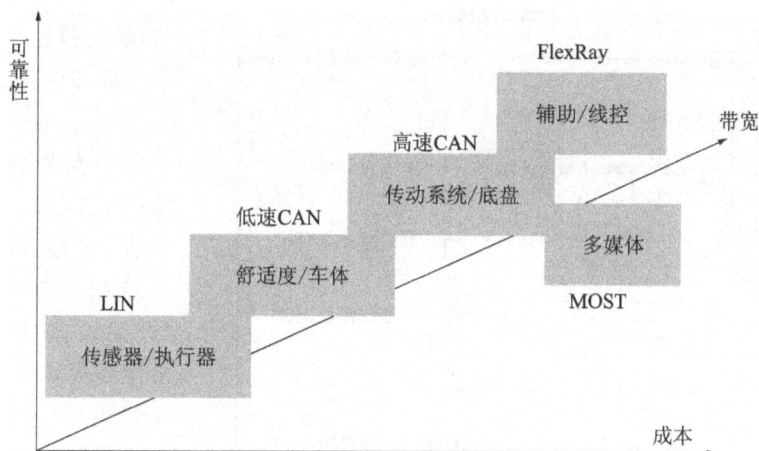

图 1-3　CAN 总线、LIN 总线、FlexRay 总线和 MOST 总线对比

正如前文所述,同国外相比,我国车载网络的研究起步较晚、技术相对落后,并且汽车电子方面的基础也比较薄弱。因此,在今后的一段时间里我国汽车信息产业应该广泛地吸收相关领域的科学技术和工程技术成果,要努力缩短技术上的差距,提高自身的竞争力。

单纯靠技术引进不利于发展,要在消化、吸收、研究的基础上,搭建适合的网络平台,深入研究总线通信协议,并对其在国外典型车型上的应用情况进行详细剖析,根据总线通信协议和电气规范,在综合分析整车网络需求信息的基础上,制定我国自主的车载网络总线高层通信协议,开发总线节点示范单元,研制不同总线的互联网关服务器等;并以企业为中心创立有中国特色的技术标准和标准应用联盟,促进产学研合作,推动技术应用。

1.2　多路传输的定义

汽车上的多个控制模块相互连接、协调工作并共享信息,构成了汽车车载网络系统。车载网络系统采用一组数据线实现多节点之间的多个信号传输,这种技术称多路传输。

在数据传输技术中,有两种基本的数据传输方法,分别为并行数据传输和串行数据传输。

1.2.1　并行数据传输

进行并行数据传输时,通过多条线路进行数据交换。

①一条线路只进行一个数据交换。

②多条线路可以同时进行数据交换。

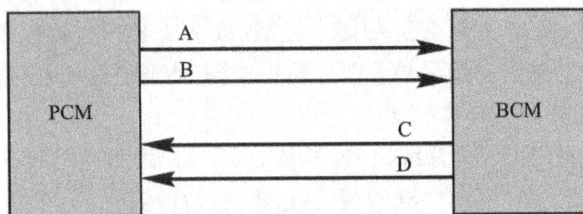

图 1-4　并行数据传输

如图 1-4 所示,控制模块 PCM 分别通过两条单独的线路将数据 A 和 B 传输给控制模块 BCM。BCM 如需将数据 C 和 D 发送给 PCM,则需要通过另外的两条线路进行。

如图 1-5 所示,在 CD391 车辆中,PCM 与燃油泵控制模块之间通过两条线路连接,"燃油泵控制模块"线路为 PCM 对燃油泵控制模块的驱动线路,"燃油泵监控"线路为燃油泵控制模块向 PCM 的故障反馈线路。这两条线路为单信号单向的信号传输,因此属于并行数据传输。

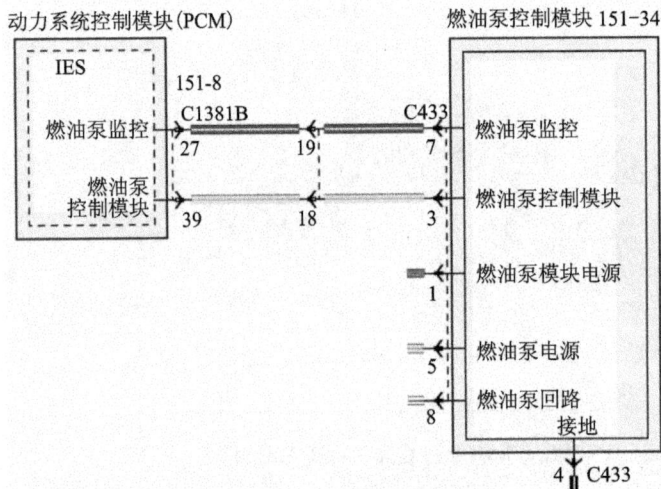

图 1-5　并行数据传输应用

1.2.2　串行数据传输

进行串行数据传输时,通过一组数据线进行数据传输。

①一组数据线可由一条或多条线路组成。

②所有信息均通过一组数据线进行传输。

③数据传输不能同时进行,必须有先有后。

如图 1-6 所示,PCM 可以通过一组线路将数据 A 和 B 传输给 BCM,而 BCM 也可以利用本组线路将数据 C 和 D 发送给 PCM。数据 A、B、C、D 的传输先后顺序,取决于它们的优先级。

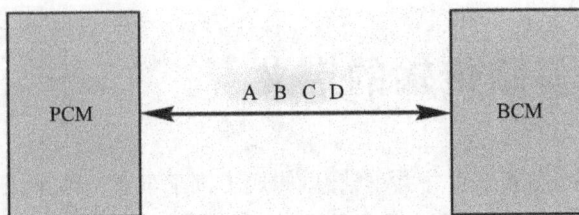

图 1-6　串行数据传输

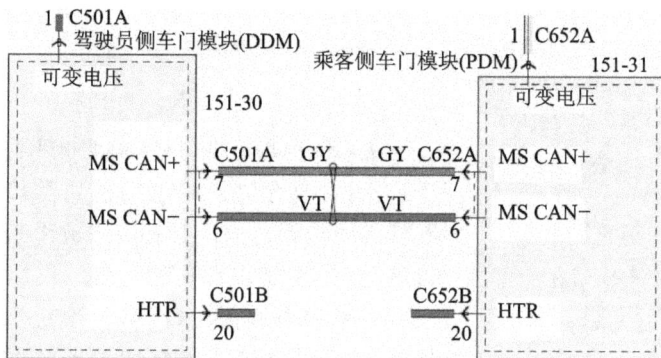

图 1-7　串行数据传输应用

如图 1-7 所示,在 CD391 车辆上,DDM 与 PDM 之间使用 MS CAN 进行通信,MS CAN 作为一组数据总线,可以进行逐个信号的双向传输,因此其属于串行数据传输。

1.3　福特多路传输的发展

目前,福特汽车多路传输系统主要应用的网络包括福特 SCP、福特 9141、福特 ACP、福特 CAN 和福特 LIN 网络。

这些网络的特点,如表 1-2 所示。

表 1-2　福特汽车多路传输系统主要应用网络特点

主要性能	福特 SCP	福特 9141	福特 ACP	福特 CAN	福特 LIN
容错	是	否	否	部分	否
节点数	32	16	10	16	12
信号电压	5.0V	12.0V	5.0V	5.0V	12
速度	41.6kb/s	10.4kb/s	9.6kb/s	500/125kb/s	20kb/s
福特标准	是	是	否	是	是
接线	2	1	3	2	1
微处理器接口	SPI	UART	UART	SPI	UART
车外诊断	是	是	否	是	否

注:UART 是指通用异步接收/发射器。

1.3.1　福特 SCP 网络

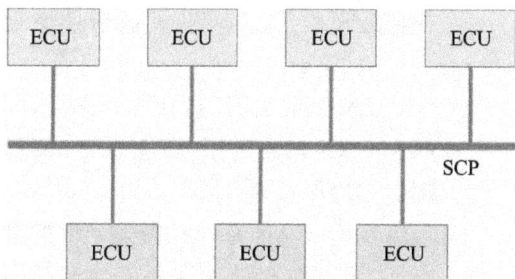

图 1-8　福特 SCP 网络

福特 SCP 网络(图 1-8)是采用 SAE J1850 标准企业协议,通过双绞线数据总线连接,使模块之间进行通信的系统。

SCP 网络由多个控制模块组成,每个控制模块具有不同的输入和输出(I/O)装置。

因为模块之间的通信发生在 SCP 网络中,所以,来自汽车某系统的输入信息可以供连接到此网络上的汽车其他系统使用。

1.3.2　福特 9141 网络

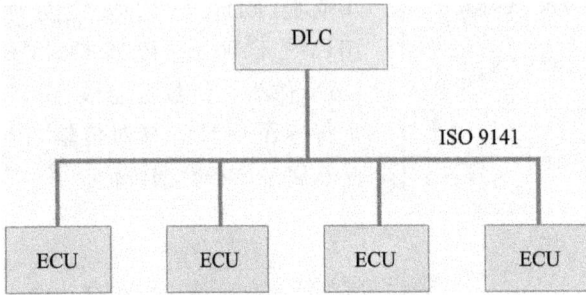

图 1-9　福特 9141 网络

福特 9141 网络(ISO 9141)只用于诊断,它仅允许网络上的模块和诊断仪之间进行通信。只有网络被诊断仪启动后,才能进行这种通信。网络中有一系列模块,仅当网络与诊断仪连接后,模块才通过网络的单条数据总线来发送信息。在 ISO 9141 网络中没有模块之间的通信,如图 1-9 所示。

1.3.3　福特 ACP 网络

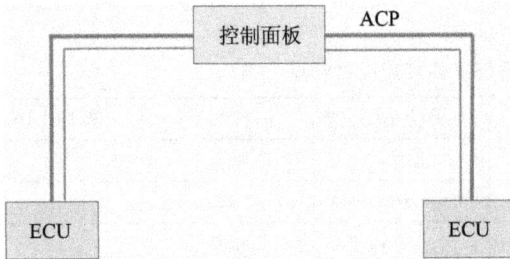

图 1-10　福特 ACP 网络

福特 ACP 网络(音响控制协议)只用在福特音响和一些气候控制系统上。这种网络通常由一个集成控制面板或其他起控制模块作用的控制单元,以及其他与音响系统相关的各种模块组成。它通过双绞线数据总线和一根音响系统唤醒(ASYSON)导线连接,此网络没有容错能力,如图 1-10 所示。

1.3.4　福特 CAN 网络

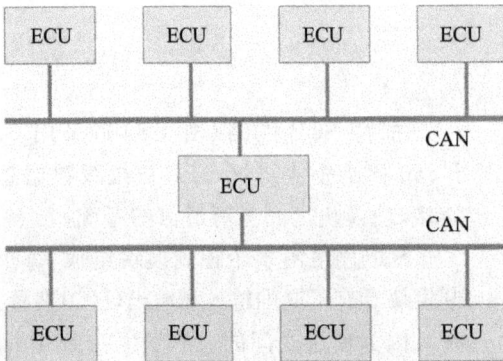

图 1-11　福特 CAN 网络

福特 CAN 网络(图 1-11)是控制器局域网络(Controller Area Network)的简称,它作为解决现代汽车众多的控制器与测试仪器之间的数据交换问题的一种串行数据通信协议,得到了福特公司的广泛应用,其通信速率最高可达 1Mb/s。

CAN 网络协议包括三个部分,即高速 CAN 网物理层、中速 CAN 网物理层和协议层。

目前,CAN 总线凭借其突出的可靠性、实时性和灵活性而成为车载网络的主流协议。

1.3.5　福特 LIN 网络

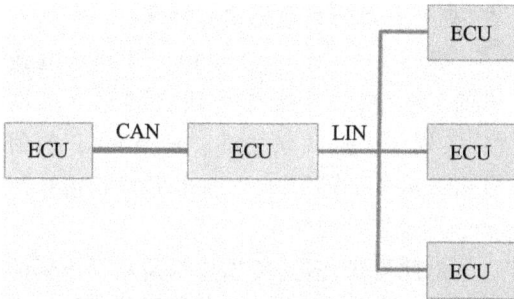

图 1-12　福特 LIN 网络

福特 LIN 网络(图 1-12)是局部互联网(Local Interconnect Network)的简称,是 1999 年推出的开放式串行通信标准。

2000 年和 2003 年,分别发布了 LIN 1.2 和 LIN 2.0 规范。

LIN 主要用作 CAN 等高速总线的辅助网络或子网络,在带宽要求不高、功能简单、实时性要求低的场合,如车身电器的控制(空调、后视镜、车门模块、座椅等),使用 LIN 总线可有效地简化网络线束,减低成本,提高网络通信效率和可靠性。

1.4　车载网络的优点

随着汽车电子装置和控制单元不断增多,利用数据总线构建车载网络系统,实现多路传输已经成为必然趋势。

在汽车上采用多路传输技术,有以下优点:

①简化布线,降低成本;

②控制模块之间通信更加简单和快捷;

③减少传感器数量,实现资源共享;

④提高汽车运行可靠性。

1.4.1　点对点通信

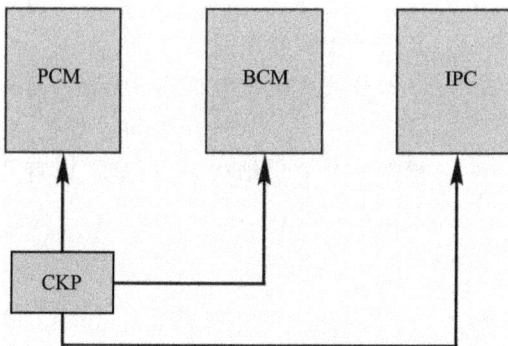

图 1-13　点对点通信

从布线角度分析,传统的电气系统大多采用点对点的单一通信方式,相互之间少有联系。如果车辆的控制模块数量较多,这样必然需要庞大的布线系统。

如图 1-13 所示,曲轴位置传感器(CKP)需要分别将发动机转速信号传输给 PCM、BCM 和 IPC,以完成相应功能的控制。结果就是传感器需要通过多条线路分别发送信号,增加了线束和插头的数量。这样不仅增加了汽车的制造成本,还增加了故障发生率。

1.4.2 信息共享

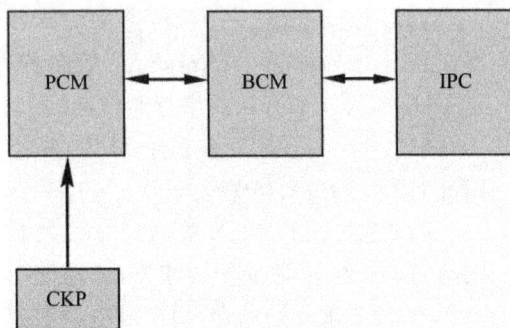

图 1-14 信息共享

从信息共享角度分析,车载的多种电控系统为满足其相互之间通信的实时性要求,有必要对公共数据实行共享。

如图 1-14 所示,在采用了多路传输技术的车辆中,各个控制模块之间建立了网络,实现了信息共享通道。只要 CKP 的信号输送给了 PCM,PCM 就可以将此信号共享至任何需要的模块。

由此可知,多路传输技术简化了车辆的线路,同时降低了故障率及故障诊断的难度。

1.5　车载网络术语

汽车上的多路传输技术应用的是计算机局域网技术,因此涉及一些计算机专用术语,如通信协议、数据总线、节点、网关和网速等。这些概念是了解多路传输技术的基础,下面将对这些基本概念进行简单介绍。

1.5.1 通信协议

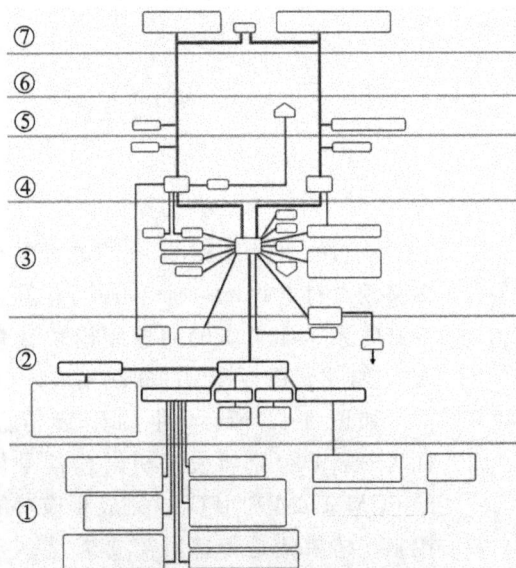

图 1-15　开放式系统互联参考模型

①—物理层;②—数据链路层;③—网络层;
④—传输层;⑤—会话层;⑥—表示层;⑦—应用层

通信协议是指通信双方控制信息交换规则的标准及约定的集合,即数据在总线上的传输规则。

在汽车上,要实现各控制模块之间的通信,必须制定规则,即通信方法、通信时间、通信内容,保证双方通信能相互配合,使通信双方共同遵守及接受规定和规则。

开放式系统互联参考模型(简称 OSI)是一个较为通用的协议规范,此模型共有 7 层结构,每层都可以有几个子层,如图 1-15 所示。

表 1-3 分别列举了这 7 层结构的定义和功能。

表 1-3　　　　　　　　　　开放式系统互联参考模型 7 层结构的定义和功能

OSI 基本参照模型		各层定义的主要项目
软件控制	7. 应用层	由实际应用程序提供可利用的服务
	6. 表示层	进行数据表现形式的转换,如文字设定、数据压缩、加密等控制
	5. 会话层	为建立会话式的通信,控制数据正确的接收或发送
	4. 传输层	控制数据传输的顺序、传送错误的恢复等,以保证通信的品质,如错误修正、再传输控制
	3. 网络层	进行数据传输的路由选择,如单元间的数据交换、地址管理
硬件控制	2. 数据链路层	将物理层收到的数字信号组成有意义的数据,提供传输错误控制等数据传输控制流程,如访问方法、数据形式、通信方式、连接控制方式、同步方式、检错方式、应答方式、数据帧的构成、位的调制方式等
	1. 物理层	规定了通信时使用的电缆、连接器等的媒体、电气信号规格等,以实现设备间的信号传送

1.5.2　数据总线

数据总线(图 1-16)是控制模块间传递数字信号的通道,即所谓的信息高速公路。车载网络中的数据总线,类似于计算机网络中的"网线"。

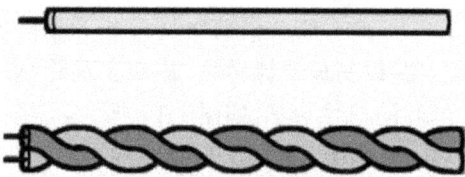

图 1-16　数据总线

数据总线可以实现在一组数据线上传递的信号能同时被多个控制模块共享,从而最大限度地提高系统整体效率,充分利用有限的资源。

在车载网络中,数据总线可能是一条线(如 LIN 网络),也可以是两条线(如 CAN 网络)。

1.5.3　节点

当我们使用计算机上网,通过某个网络平台与异地的另一台计算机通信,则两端的计算机就是网络中的两个节点(图 1-17),服务器终端也是一个节点。

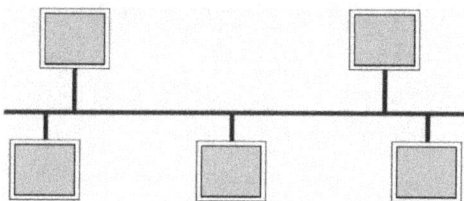

图 1-17　节点

在车载网络中,节点即连接在数据总线中的控制模块。

当使用 IDS 对车辆进行通信时,VCM(诊断仪)也属于所有通信网络中的一个节点。

1.5.4 网关

随着汽车技术的发展,多种协议的网络在汽车上使用,但是,各个车载网络采用的通信协议不同,所有控制模块之间难以实现信息共享。网关的作用就是在不同的通信协议或不同网速总线的模块之间进行通信时,建立连接和信息解码,重新编译,将数据传输给其他系统。

为了使采用不同协议及网速的数据总线间实现无差错数据传输,必须要用一种特定的控制模块,它就是网关(Gateway)。

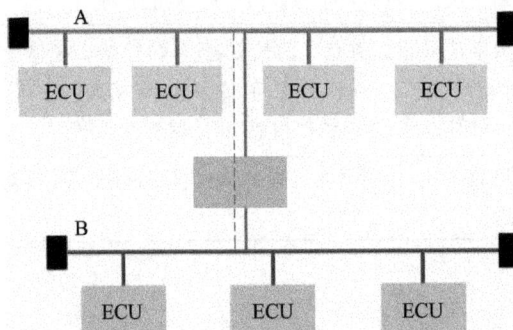

图 1-18 跨总线无法通信

如图 1-18 所示,A 总线与 B 总线属于两个不同的网络。A 总线上各个节点之间可以直接通信,但即使 A 总线与 B 总线之间有连接线路,A 总线上的节点也无法直接与 B 总线的任何节点通信。

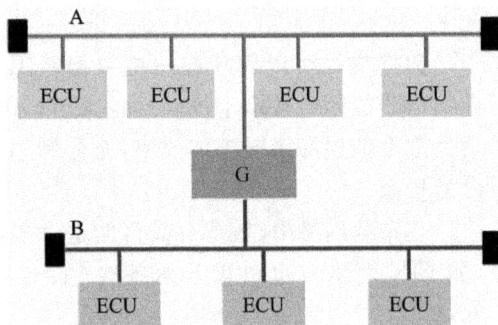

图 1-19 借助网关通信

此时需要借助网关 G 作为网间连接器,以完成协议转换,从而实现跨总线之间的信号共享,如图 1-19 所示。

节点 G 既是 A 总线的节点,又是 B 总线上的节点。

1.5.5 网速

网速是指网络信号的传送速率,单位为"bps"、"bit/s"或"b/s",这里的 bit 表示"位",一位即表示二进制中的一个"0"或"1"。

福特车辆的各种车载网络的网速有所区别。

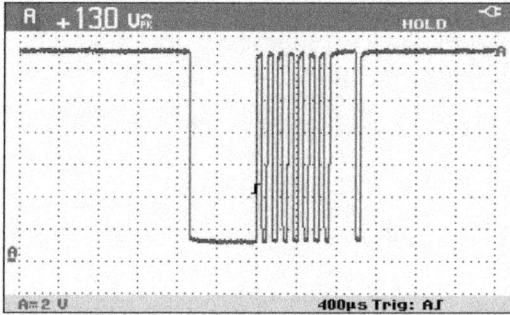

图1-20　LIN网速

1. LIN 网速

福特 LIN 网络的网速为 20kb/s,如图 1-20 所示。

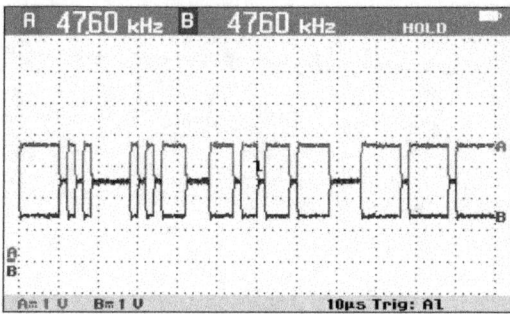

图1-21　HS CAN 网速

2. HS CAN 网速

福特高速 CAN 网络(HS CAN)网速为 500kb/s,如图 1-21 所示。

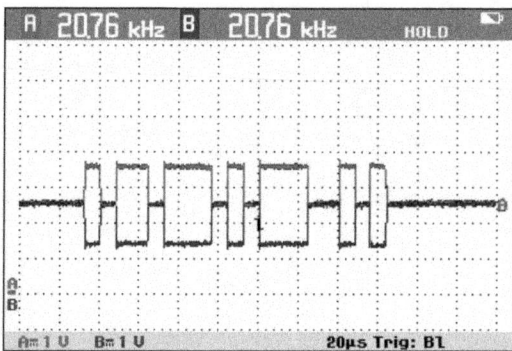

图1-22　MS CAN 网速

3. MS CAN 网速

福特中速 CAN 网络(MS CAN)的网速为 125kb/s,如图 1-22 所示。

2 CAN 网络

完成本章的学习后,达到以下目标:

* 能够解释 CAN 网络的特点。
* 能够解释 CAN 网络的基本原理。
* 能够执行 CAN 网络的诊断。

2.1 CAN 网络概述

包括福特在内,现阶段汽车上用得最多的车载网络就是 CAN 网络,它为全面提升汽车的性能起到了非常关键的作用。

随着汽车技术的发展,汽车上的控制模块数量逐渐增多,独立系统控制模式已经难以满足汽车性能的发展需求。在此背景下,BOSCH 公司开发出了面向汽车行业的 CAN 通信协议,它采用了国际标准化组织(ISO)制订的 OSI 模型中的三层,即物理层、数据链路层和应用层。

随后,CAN 总线协议标准化为 ISO 11898 及 ISO 11519,成为了汽车网络的数据交换标准。

2.1.1 CAN 网络的特点

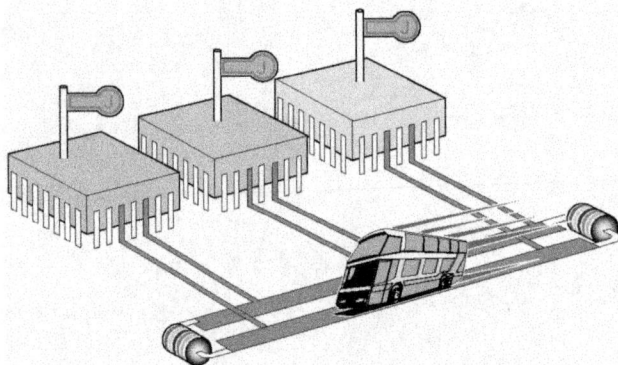

图 2-1 CAN 网络的特点

CAN 主要负责车辆内的数据交换,即控制各模块之间的信息共享,如图 2-1 所示。CAN 网络的数据传输,有很多特点,主要包括多主结构、双绞线总线、压差驱动、高速传输、容错特性和终端电阻等。

1.多主结构

CAN 网络采用多主结构(图 2-2)通信。总线上各节点之间没有主从之分,任一节点都可向其他节点发送信息。

①当总线空闲时,所有的节点都可开始发送消息,但必须先访问总线;

②当多个节点同时开始发送时,由优先权决定先后。

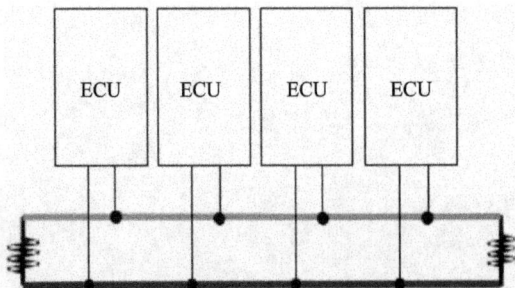

图 2-2 多主结构

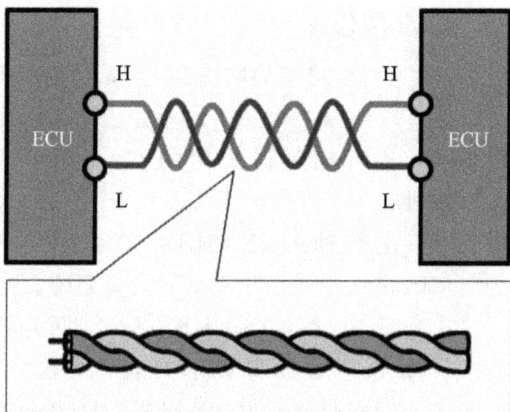

图 2-3　双绞线总线

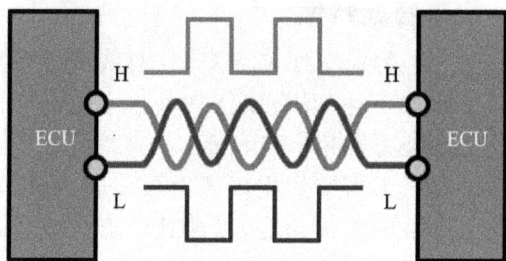

图 2-4　压差驱动

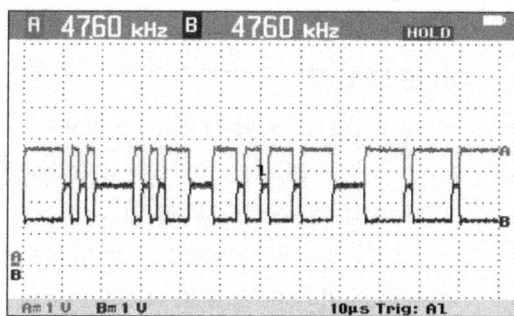

图 2-5　CAN 总线实测信号

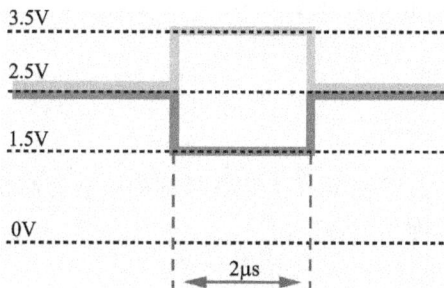

图 2-6　CAN 总线信号特点

2. 双绞线总线

CAN 网络采用双绞线作为数据总线，以增加总线的抗干扰能力，如图 2-3 所示。

① 两根双绞线分别命名为 CAN H 和 CAN L，它们每相隔 25mm 绞接一次；

② 此双绞线允许的总长度为 30m（25m 接节点，5m 接诊断仪）；

③ 最多允许接 16 个节点（15 个模块和 1 个诊断仪）。

3. 压差驱动

CAN 网络采用电平差的方式识别数字信号，从而判断所传输的信息的含义，即压差驱动（图 2-4）。

图 2-5 所示为 CAN 总线实测信号，CAN H 与 CAN L 形成了对称的阵列布置方式。

如图 2-6 所示，CAN H 的电压在高位时为 3.5V，在低位时为 2.5V。

CAN L 的电压在高位时为 2.5V，在低位时为 1.5V。

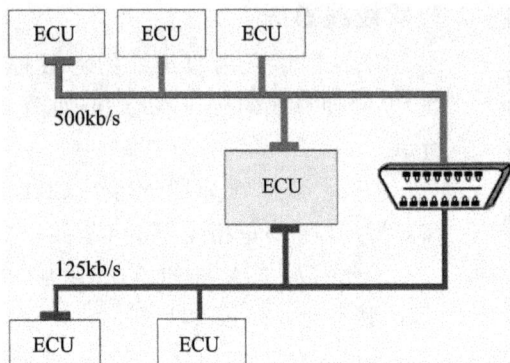

图 2-7 高速传输

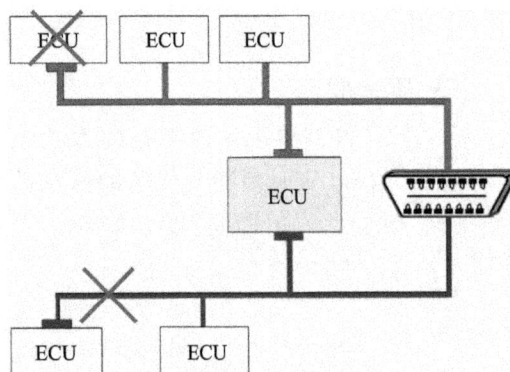

图 2-8 容错特性

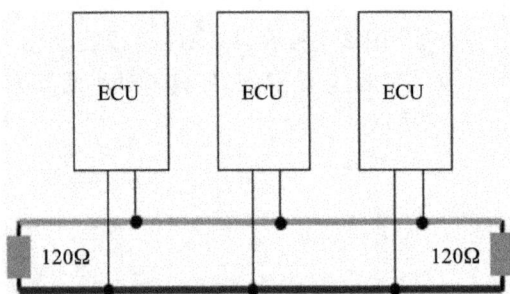

图 2-9 终端电阻

4. 高速传输

CAN 网络的网速高达 1Mb/s,一般为 500kb/s,如图 2-7 所示。

福特现阶段采用的 CAN 网络有三种:

①高速 CAN(HS CAN),网速为 500kb/s,主要用于动力和安全系统。

②中速 CAN(MS CAN),网速为 125kb/s,用于车身控制,如车窗、中控等。

③多媒体 CAN(MM CAN),网速为 500kb/s,主要用于娱乐系统。

5. 容错特性

容错特性是当 CAN 总线或节点出现故障时,网络依然具有一定的信号传输能力,如图 2-8 所示。

①当节点出现严重故障时,可以自动关闭输出功能,以使总线上其他节点的操作不受影响;

②当总线出现故障时,视严重程度而表现不一,轻则不影响信号传递,重则网络瘫痪。

6. 终端电阻

在 CAN 数据总线的 CAN H 和 CAN L 线路端(或节点内)均以终端电阻(图 2-9)连接,终端电阻的阻值为 120Ω。

①终端电阻的作用是消除电压信号在线路上出现回流现象,以保证总线上的数据准确性;

②终端电阻也为 CAN 总线的故障诊断提供了参考。

2.1.2 诊断连接器

诊断连接器(Data Link Connector,简称 DLC),是一个符合 ISO 标准的车载诊断接头,插头由 16 个针脚组成,每一个针脚均按照 ISO 标准用于特定用途。

1. DLC 形状与针脚

DLC 的形状和针脚编号如图 2-10 所示,福特的车辆使用了其中的部分针脚,如表 2-1 所示。

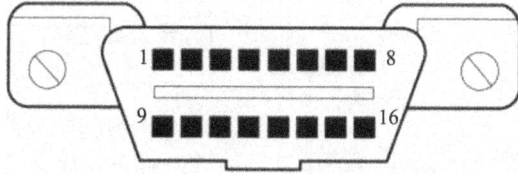

图 2-10　DLC 形状与针脚

表 2-1　　　　　　　　　　　　　　　　DLC 的形状和针脚

序号	含义
1	MM CAN H
3	MS CAN H
4	底盘接地
5	信号接地
6	HS CAN H
8	MM CAN L
13	MS CAN L
14	HS CAN L
16	供电电源

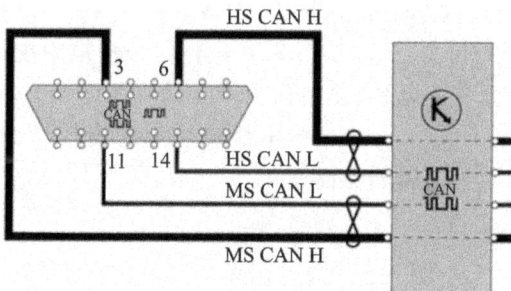

图 2-11　DLC 的 CAN 总线

2. DLC 的 CAN 总线

　　如图 2-11 所示，HS CAN 与 MS CAN 均连接在 DLC 上，IDS 可以直接通过 DLC 与连接在 HS CAN 和 MS CAN 网络上的模块进行通信。

2.2　CAN 网络基本原理

　　CAN 网络为多主结构，因此任何一个节点都可以发送与接收信号。为了实现此功能，连接在 CAN 网络上的节点必须按照特定的结构设计，并在传输信号时遵守特定协议。此外，当 CAN 网络出现总线故障时，还应具备一定的容错能力。

2.2.1　CAN 网络硬件结构

　　CAN 网络的硬件结构，主要涉及总线与节点，在本节中将分别介绍节点在总线上的连接特点和节点的结构组成，并重点强调节点的 CAN 收发器的结构特点。

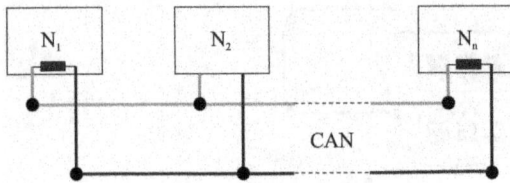

图 2-12 节点连接

1.节点连接

每一个节点都通过 CAN H 与 CAN L两条线分别连接在总线上,这些节点属于并联关系,如图 2-12 所示。

2.节点结构

不管节点是否带有终端电阻,其中均包含 CAN 收发器、CAN 控制器和中央处理器等元件,如图 2-13 所示。

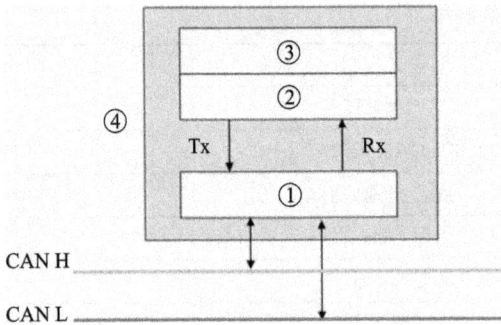

图 2-13 节点结构

①—CAN 收发器;②—CAN 控制器;③—中央处理器;④—节点

图 2-14 CAN 收发器

(1)CAN 收发器

CAN 接收器(图 2-14)共有 8 个针脚,主要实现以下功能:

①将"0"或"1"逻辑信号转换为规定的电平,并向总线输出;

②将总线电压转换为逻辑信号,并向控制器反馈。

收发器的针脚定义和功能如图 2-15 所示。

①Tx(1#):接收控制器的驱动指令;

②GND(2#):接地;

③Vcc(3#):电源;

④Rx(4#):向控制器反馈信息;

⑤Vref(5#):向控制器提供参考电压;

⑥CAN L(6#):连接总线 CAN L;

⑦CAN H(7#):连接总线 CAN H;

⑧Rs(8#):接收控制器的斜率/延迟控制指令。

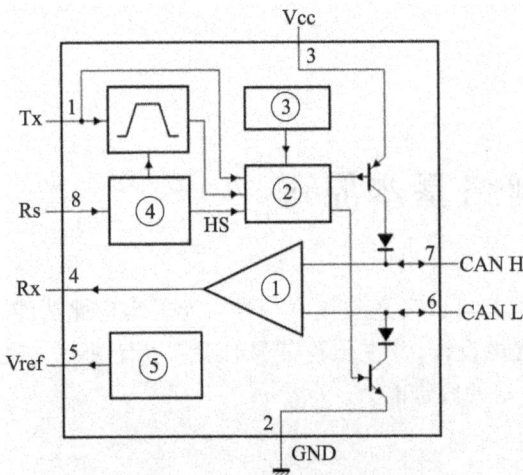

图 2-15 CAN 收发器控制电路

①—接收器;②—驱动器;③—保护电路;

④—斜率/等待;⑤—参考电压

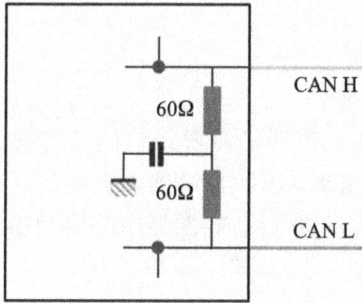

图 2-16 CAN 终端电阻

带终端电阻的节点,其 CAN 收发器结构有所区别,如图 2-16 所示。

在节点内部的总线接口处,串联了两个 60Ω 的电阻,并使用一个电容消除总线的电压波形。

图 2-17 CAN 控制器

(2)CAN 控制器

CAN 控制器(图 2-17)有 28 个针脚,主要实现了两部分的功能:

①数据链路层的全部功能;

②物理层的位定时功能。

图 2-18 中央处理器

(3)中央处理器

由集成电路组成的中央处理器(图 2-18),是节点的核心元件,主要用于执行控制部件和算术逻辑部件的功能。

2.2.2 CAN 网络信号传输

CAN 网络上的节点会根据工作需要访问总线,因为 CAN 网络为多主结构,所以各节点既可以发送信号,又可以接收信号。

不管是发送还是接收信号,均需要通过 CAN 收发器和 CAN 控制器完成,下面以示意图的方式说明 CAN 网络的信号发送和接收过程。

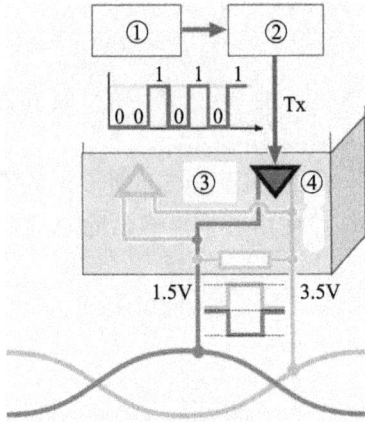

图 2-19　信号发送
①—中央处理器；②—CAN 控制器；
③—CAN 收发器；④—驱动器

1. 信号发送

中央处理器将需要传输的信息发送给 CAN 控制器，CAN 控制器以数字信号的形式驱动收发器电路，收发器中的驱动器向总线发出模拟信号，如图 2-19 所示。

此时，CAN H 为 $2.5\sim3.5V$，CAN L 为 $1.5\sim2.5V$。

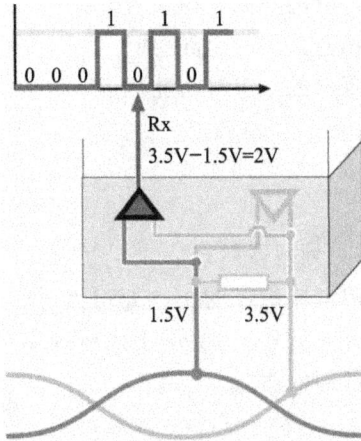

图 2-20　信号接收

2. 信号接收

节点需要从总线上采集信号时，差动放大器将 CAN H 与 CAN L 的电压值进行差动处理，并将结果发送给 CAN 控制器。CAN 控制器依据数字信号识别原则，得到"0"或"1"的数字结果，如图 2-20 所示。

2.2.3　CAN 网络数据结构

CAN 网络总线上所传输的数据，包括数据帧、远程帧、错误帧、过载帧和帧间隔五种，其作用分别如下。

①数据帧：用于将数据传输到其他节点；

②远程帧：用于从其他节点请求数据；

③错误帧：用于错误的信号通知；

④过载帧：用于增加后继帧的等待时间；

⑤帧间隔：用于将数据帧及远程帧与前面的帧分离开来。

1. 数据帧

数据帧由 7 个数据区构成，如图 2-21 所示。这些数据区的作用分别如下。

①帧起始：表示数据帧开始的段；

②仲裁区:表示该帧优先级的段;

③控制区:表示数据的字节数及保留位的段;

④数据区:数据的内容,可发送 0～8 个字节的数据;

⑤循环冗余检验区:检查帧的传输错误的段;

⑥证实区:表示确认正常接收的段;

⑦帧结束:表示数据帧结束的段。

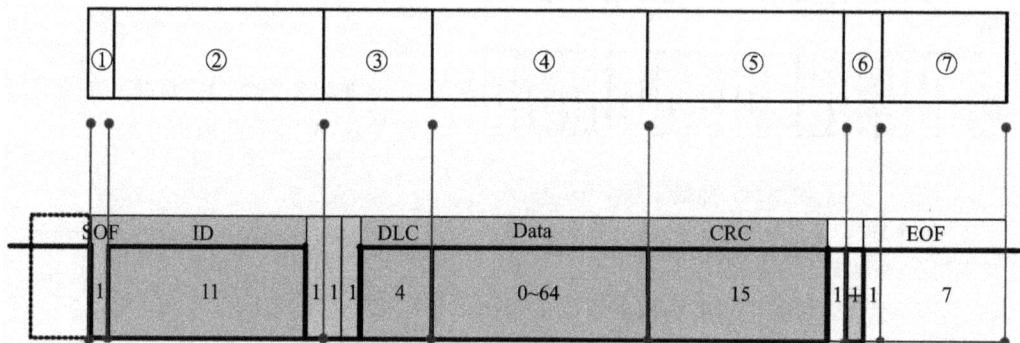

图 2-21　CAN 数据帧的构成

①—帧起始;②—仲裁区;③—控制区;④—数据区;⑤—循环冗余检验区;⑥—证实区;⑦—帧结束

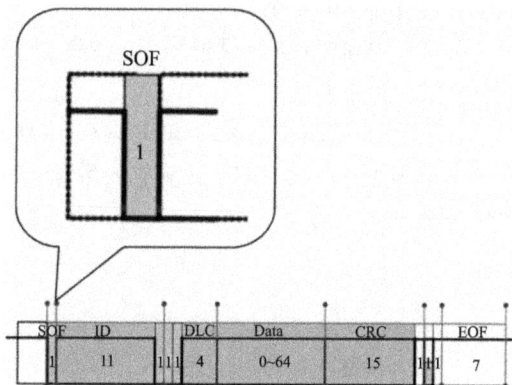

图 2-22　帧起始

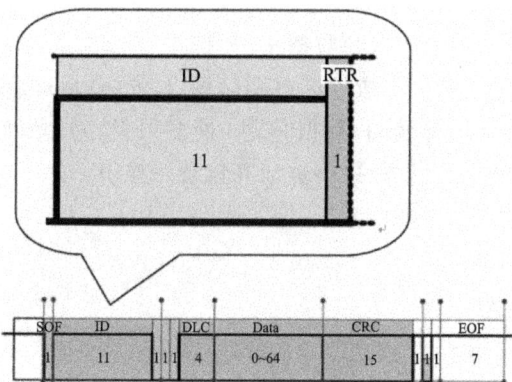

图 2-23　仲裁区

(1)帧起始

帧起始(SOF,图 2-22)表示帧(包括数据帧或远程帧)开始的区,包含 1 个位的显性位。此外,还用于确定与其他节点硬件的同步。

在 CAN 总线上,逻辑值"0"表示显性电平,"1"表示隐性电平。

①"显性"具有优先功能,只要有一个节点输出显性电平,总线上即为显性电平。

②"隐性"具有包容功能,只有所有的单元都输出隐性电平,总线上才为隐性电平。

(2)仲裁区

仲裁区(图 2-23)包括 11 位,表示数据的优先级。

显性值"0"的优先级比隐性值"1"高。例如,与包括发动机冷却液温度信息的数据帧相比,一个包括车辆打滑信息的数据帧通常具有更低值的优先级。

仲裁区的末端是远程传输请求(RTR)位,通常为显性。

23

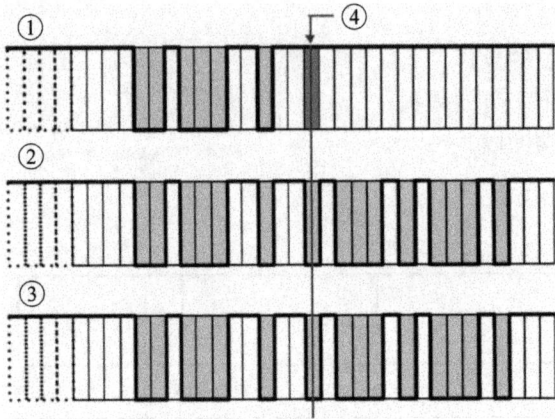

图 2-24 仲裁

①—节点 1；②—节点 2；③—总线电压；④—仲裁失利

在总线空闲态，最先开始发送信息的节点获得发送权。

当同时有两个以上的节点需要向总线发送信号时，依靠仲裁区决定优先级。从第一位开始进行仲裁，连续输出显性电平最多的节点可继续发送。

如图 2-24 所示，节点 1 在与节点 2 的仲裁中失利，则退出发送。

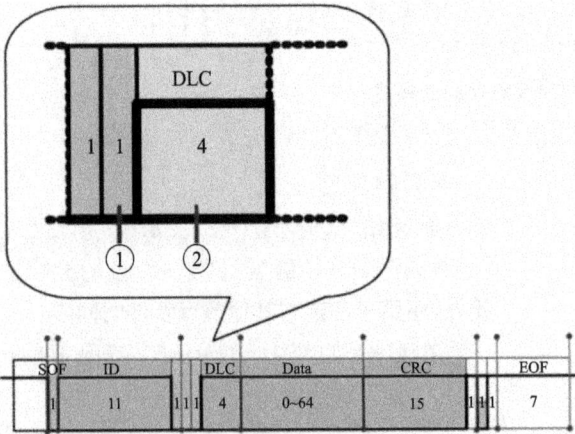

图 2-25 控制区

①—保留区；②—数据长度码

（3）控制区

控制区（图 2-25）表示数据段的字节数，由 6 个位构成。

①前两位为保留区，以备将来应用，其为显性；

②后四位为数据长度码（DLC），包括随后的数据区中字节的数量，其值为 0~8。

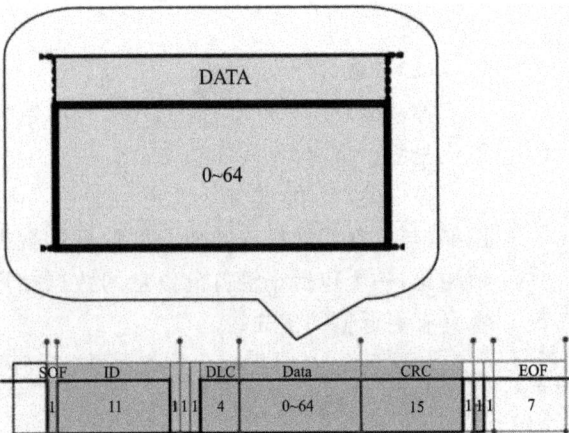

图 2-26 数据区

（4）数据区

数据区（Data，图 2-26）包括即将传输的数据信息，最多可达 64 位（8 字节）数据从最高位开始输出。

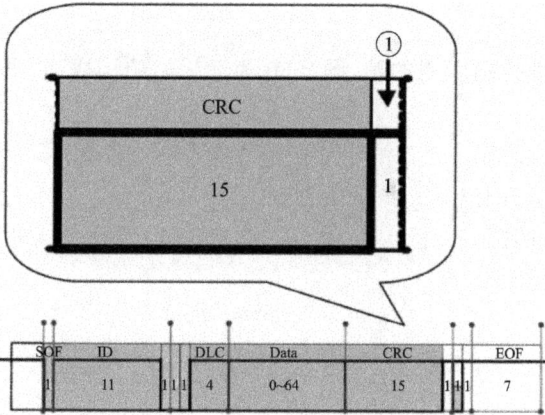

图 2-27　循环冗余检验区
①—CRC 定界符

（5）循环冗余检验区

循环冗余检验（CRC）区用于检查帧传输的错误，包括一个用于错误检测的 15 位 CRC 数列和一个 CRC 定界符位（用于分隔），如图 2-27 所示。

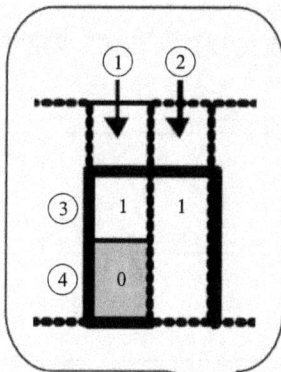

图 2-28　证实区
①—ACK 槽；②—定界符；③—发送位；④—接收位

（6）证实区

证实区（ACK）用来确认是否正常接收，由 ACK 槽（ACK Slot）和 ACK 定界符 2 个位构成，如图 2-28 所示。

①ACK 定界符位通常为隐性；

②发送节点在 ACK 槽发送隐性位；

③接收到正确消息的节点在 ACK 槽发送显性位，通知发送单元正常接收结束。

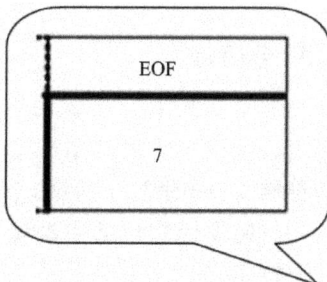

图 2-29　帧结束

（7）帧结束

帧结束（EOF）表示数据帧完成，它通常包括 7 位隐性位，如图 2-29 所示。

2.远程帧

远程帧是接收节点向发送节点请求发送数据所用的帧,图 2-30 为远程帧的构成,它由 6 个区组成,分别如下。

①帧起始:表示帧开始的区。

②仲裁区:表示该帧优先级的区,可请求具有相同 ID 的数据帧。

③控制区:表示数据的字节数及保留位的区。

④循环冗余检验区:检查帧的传输错误的区。

⑤证实区:表示确认正常接收的区。

⑥帧结束:表示远程帧结束的区。

远程帧与数据帧的区别:

①远程帧没有数据区;

②在远程帧中,RTR(远程发送请求)位通常为隐性;

③远程帧的数据长度码以所请求数据帧的数据长度码表示;

④没有数据段的数据帧可用于各节点的定期连接确认与应答,或用于仲裁区本身带有实质性信息的情况。

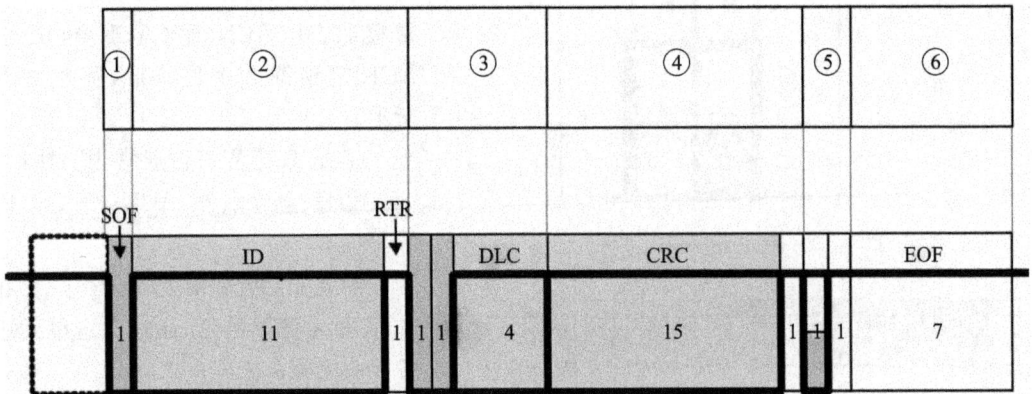

图 2-30 CAN 远程帧构成

①—帧起始;②—仲裁区;③—控制区;④—循环冗余检验区;⑤—证实区;⑥—帧结束

3.错误帧

错误帧用于在接收和发送消息时检测出错误通知的帧,它由错误标志和错误定界符构成,如图 2-31 所示。

错误标志包括主动错误标志和被动错误标志。

①主动错误标志:6 个位的显性位;

②被动错误标志:6 个位的隐性位。

错误定界符由 8 个位的隐性位构成。

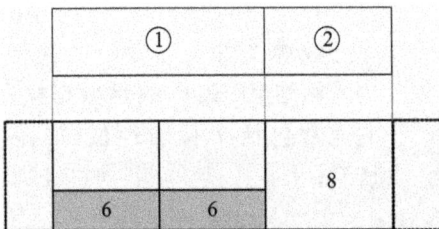

图 2-31 错误帧构成

①—错误标志;②—错误定界符

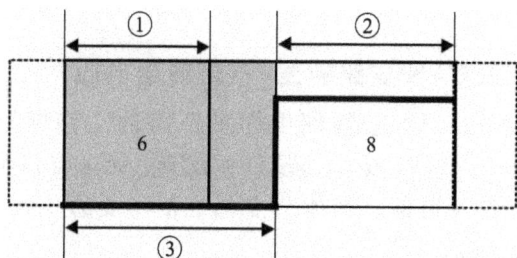

图 2-32 过载帧构成
①—过载标志;②—过载定界符;
③—过载标志重叠部分

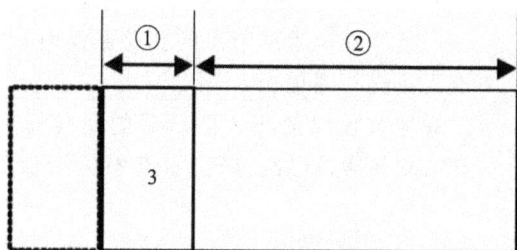

图 2-33 帧间隔构成
①—间隔;②—总线空闲

4.过载帧

过载帧用于接收单元通知其尚未完成接收准备的帧。过载帧由过载标志和过载定界符构成,如图 2-32 所示。

过载标志是 6 个位的显性位,其构成与主动错误标志的构成相同。

过载定界符是 8 个位的隐性位,其构成与错误界定符的构成相同。

5.帧间隔

帧间隔是用于分隔数据帧和远程帧的帧。数据帧和远程帧可通过插入帧间隔将本帧与前面的任何帧(数据帧、远程帧、错误帧、过载帧)分开;过载帧和错误帧前不能插入帧间隔。

帧间隔由 3 个位的隐性位组成。总线空闲是隐性位,无长度限制(可能是 0 位)。总线处于本状态下,要发送信息的节点可以访问总线,如图 2-33 所示。

2.2.4 CAN 网络容错特点

CAN 的特性之一就是,在总线出现特定故障(断路、短路)的情况下,能够继续保持通信能力。当总线出现故障时,节点将会识别各种错误,并存储相应的故障代码。

然而,在某些致命的故障原因下,CAN 网络将会丢失通信能力,例如,2013 款福克斯的诊断插头的 6 号针脚对地短路,则所有连接在 HS CAN 网络上的模块均无法互相通信。

下面将分别介绍福特车辆 CAN 网络在哪些情况下具有容错能力,在哪些情况下会失效。

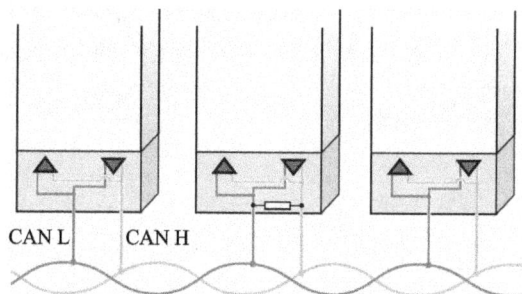

CAN L   CAN H

图 2-34 CAN 节点故障

1.CAN 节点故障

当网络上的任一节点出现故障,包括节点自身故障、节点电源或接地损坏等时,此节点将无法与 CAN 总线上的其他节点进行通信。

其他节点可以继续通信,且会存储关于节点通信丢失的 DTC,如图 2-34 所示。

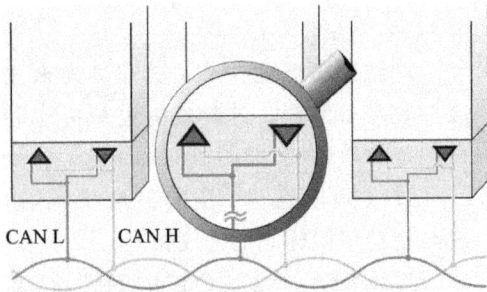

图 2-35　CAN 支路断路(不带终端电阻)

2. CAN 支路断路(不带终端电阻)

当不带终端电阻的节点的支路断路(CAN H 或 CAN L)时,此节点无法与其他节点通信。其他节点的通信不受影响,如图 2-35 所示。

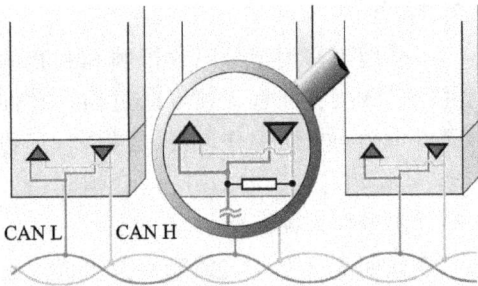

图 2-36　CAN 支路断路(带终端电阻)

3. CAN 支路断路(带终端电阻)

当带终端电阻的节点的支路断路时,此节点无法进行通信。

其他节点以信噪比降低后的值继续工作,CAN 使通信继续进行,如图 2-36 所示。

4. CAN 总线断路

当总线上的 CAN H 或 CAN L 断路时,断路对侧的节点之间无法进行通信。断路同侧的节点之间可以进行通信,但是由于终端电阻的合成作用,此时的通信降低了抗扰度,如图 2-37 所示。

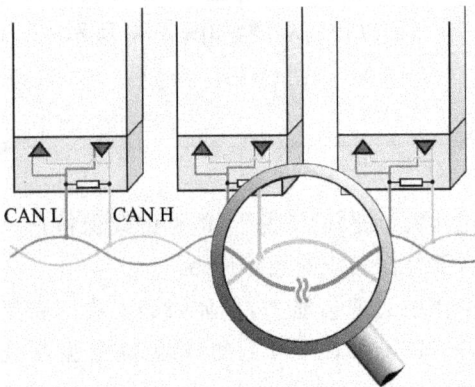

图 2-37　CAN 总线断路

5. CAN H 对地短路

当 CAN H 对地短路时,总线整体失效,所有节点之间不能通信,如图 2-38 所示。

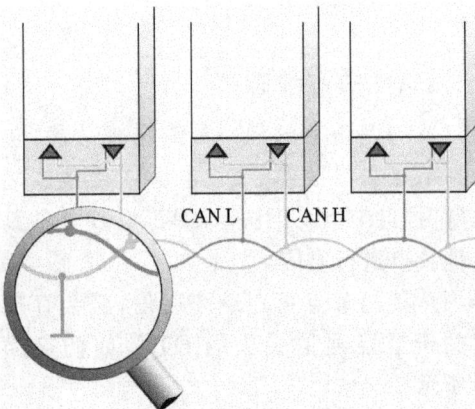

图 2-38　CAN H 对地短路

28

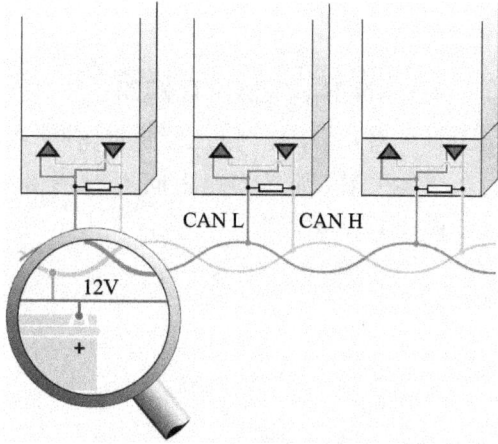

图 2-39　CAN H 对电源短路

6. CAN H 对电源短路

当 CAN H 对电源短路时，CAN 总线一般具有继续工作能力，如图 2-39 所示。

但在福特现阶段的车型中，因为总线连接的模块较多，通信数据较为密集，因此当 CAN H 对电源短路时也可能致使总线通信失效。

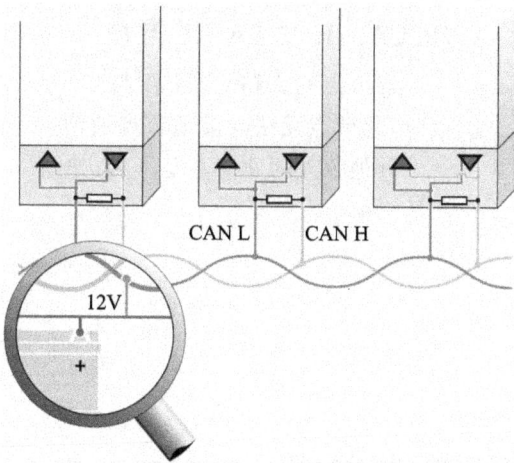

图 2-40　CAN L 对电源短路

7. CAN L 对电源短路

当 CAN L 对电源短路时，总线整体失效，CAN 网络不能工作，如图 2-40 所示。

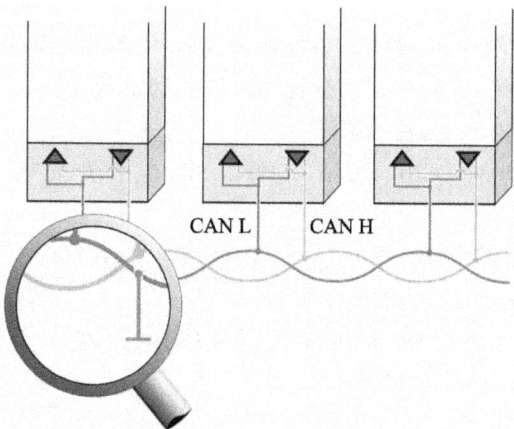

图 2-41　CAN L 对地短路

8. CAN L 对地短路

当 CAN L 对地短路时，可以实现网络通信(图 2-41)，因为 CAN 总线电压在共模电压范围内。但是总线的抗扰度降低，电磁辐射增加。

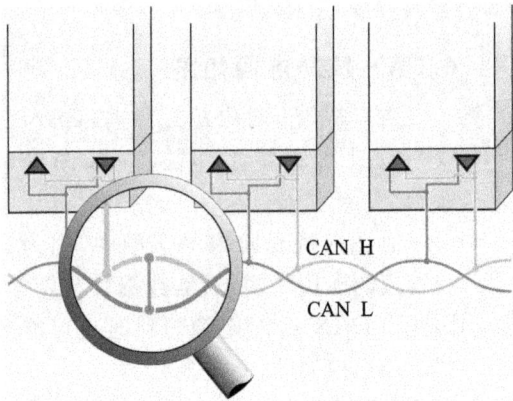

图2-42　CAN H 与 CAN L 短路

9. CAN H 与 CAN L 短路

当 CAN H 与 CAN L 短路时,总线整体失效,所有节点之间不能通信,如图2-42所示。

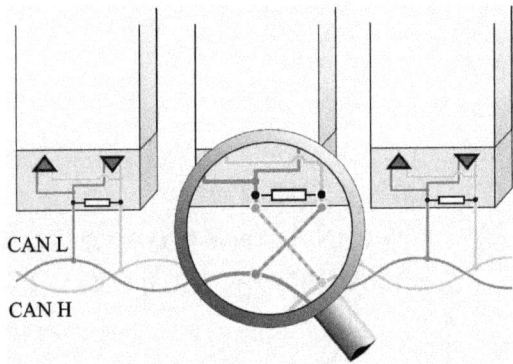

图2-43　CAN H 与 CAN L 互接

10. CAN H 与 CAN L 互接

当节点的支路 CAN H 与 CAN L 互接时,此节点无法与其他节点通信。

其他节点的通信不受影响,如图2-43所示。

2.3　CAN 网络的应用

CAN 网络在长安福特车辆上得到了大量的应用,如 C346 福克斯、CD345 致胜、CD391 蒙迪欧、C520 翼虎、B299 嘉年华和 B515 翼博等,下面分别列举这些车型的网络示意图。

C346 福克斯低配版 CAN 网络如图2-44所示,其特点如下。

①连接在 HS CAN 网络上的模块分别是 PCM、RCM、ABS、ESP、组合开光模块和 BCM。

②连接在 MS CAN 网络上的模块分别是 IC 与 BCM。

③连接在 MM CAN 网络上的模块分别是 IC,多功能显示屏与 ACU。

④BCM 作为 HS CAN 与 MS CAN 的网关模块,如果 PCM 的信号(如水温)需要传输给 IC,则传输路径是:PCM→HS CAN→BCM→MS CAN→IC。

⑤IC 作为 MS CAN 与 MM CAN 的网关模块。

C346 福克斯高配版 CAN 网络如图2-45所示,其特点如下。

①连接在 HS CAN 网络上的模块分别是 PCM、激光传感器、RCM、ESP、ABS、TCM、

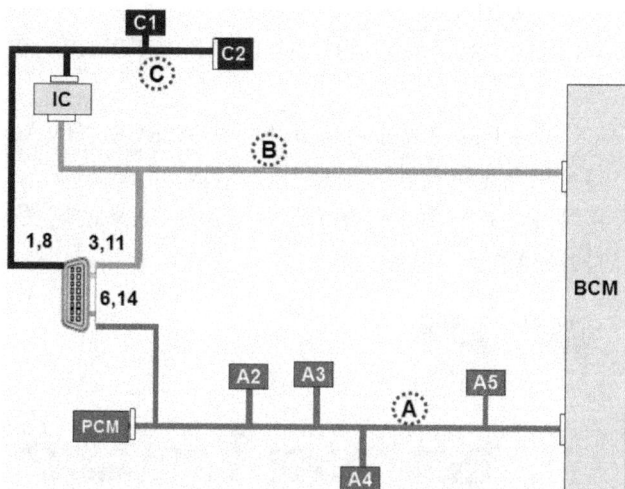

图 2-44 C346 福克斯低配版 CAN 网络
A—HS CAN；B—MS CAN；C—MM CAN；A2—RCM；
A3—ABS；A4—ESP；A5—组合开关模块；C1—多功能显示屏；C2—ACU

组合开光模块、PAM、AFS 和 BCM。

②连接在 MS CAN 网络上的模块分别是 BCM、右前门和左前门模块、KVM、EATC
和 IC。

③连接在 MM CAN 网络上的模块分别是 IC、APIM、多功能显示屏与 ACU。

④此外，BCM 与左右侧盲点检测模块组成了一组单独的 MS CAN 网络。

⑤在以上 CAN 网络中，BCM 作为 HS CAN 与 MS CAN 的网关模块，IC 作为 MS
CAN 与 MM CAN 的网关模块。

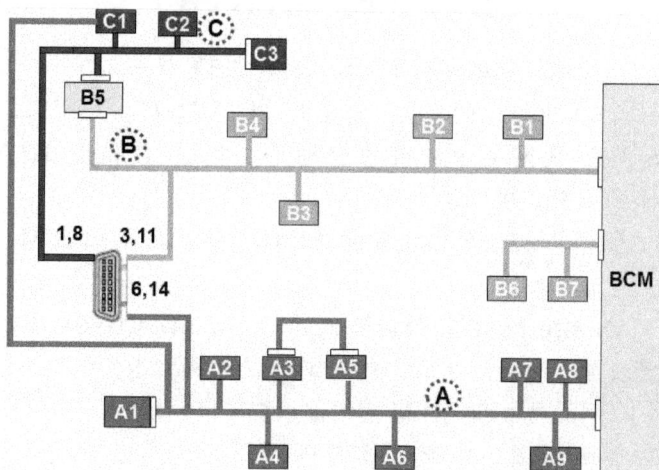

图 2-45 C346 福克斯高配版 CAN 网络
A—HS CAN；B—MS CAN；C—MM CAN；A1—PCM；A2—激光传感器；A3—RCM；
A4—ESP；A5—ABS；A6—TCM；A7—组合开关模块；A8—PAM；A9—AFS；
B1—右前门模块；B2—左前门模块；B3—KVM；B4—EATC；B5—IC；
B6—盲点检测模块左侧；B7—盲点检测模块右侧；C1—APIM；C2—多功能显示屏；C3—ACU

31

CD345 致胜 CAN 网络如图 2-46 所示,其特点如下。

①连接在 HS CAN 网络上的模块分别是 BCM、SASM、TCM、YAW、HCM、ABS、PCM 和 KVM。

②连接在 MS CAN 网络上的模块分别是 BCM、PDM、RCM、HVAC 和 IPC。

③连接在 MM CAN 网络上的模块分别是 IPC、ACM 和 ACM。

④在以上 CAN 网络中,BCM 作为 HS CAN 与 MS CAN 的网关模块,IPC 作为 MS CAN 与 MM CAN 的网关模块。

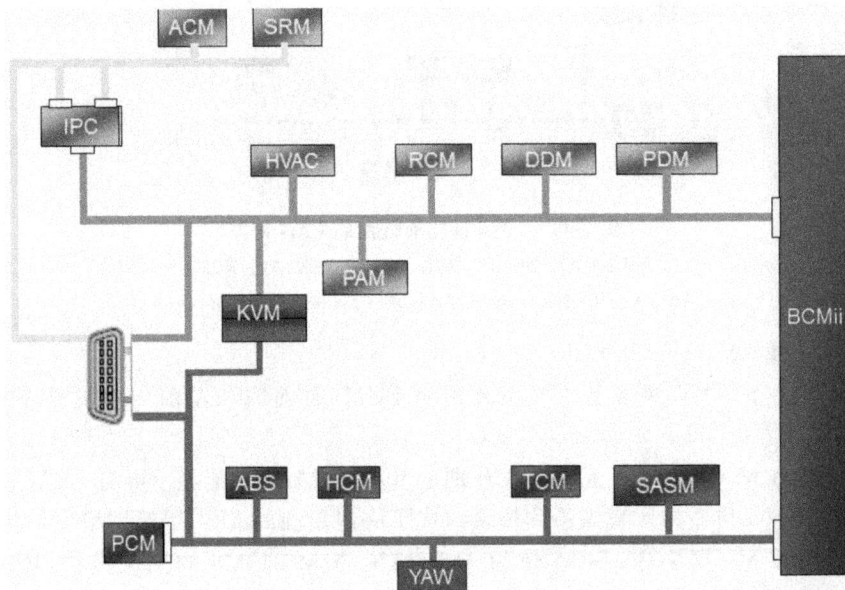

图 2-46　CD345 致胜 CAN 网络

CD391 蒙迪欧 CAN 网络如图 2-47 所示,其特点如下。

①连接在 HS 1 CAN 网络上的模块分别是 BCM、PCM、HCM、APIM 和网关模块。

②连接在 HS 2 CAN 网络上的模块分别是 IPM-A、PSCM、SCCM、RCM、C-CM、OCSM、HUD、ABS、FDS 和网关模块。

③连接在 HS 3 CAN 网络上的模块分别是 IPC、DSP、ACM、FCDIM、RACM、APIM 和网关模块。

④连接在 MS CAN 网络上的模块分别是 FCIM、PDM、DDM、GPSM、RTM 和网关模块。

⑤此外,网关模块与 APIM 还组成了一组 MS CAN 网络。

⑥在以上网络中,网关模块和 APIM 模块都承担了网关功能。

C520 翼虎 CAN 网络如图 2-48 所示,其特点如下。

①连接在 HS CAN 网络上的模块分别是 BCM、SASM、PAM、AFS、FLC、ESP、RCM、EPS、FDS、FLR、PCM 和 APIM,其中 ESP 和 RCM 又单独组成了一组 HS CAN 网络。

②连接在 MS CAN 网络上的模块分别是 BCM、PDM、DDM、CMR、PLM、GPSM、KVM、EATC、APIM 和 IC。

③连接在 MM CAN 网络上的模块分别是 MFD、ACU、APIM 和 IC。

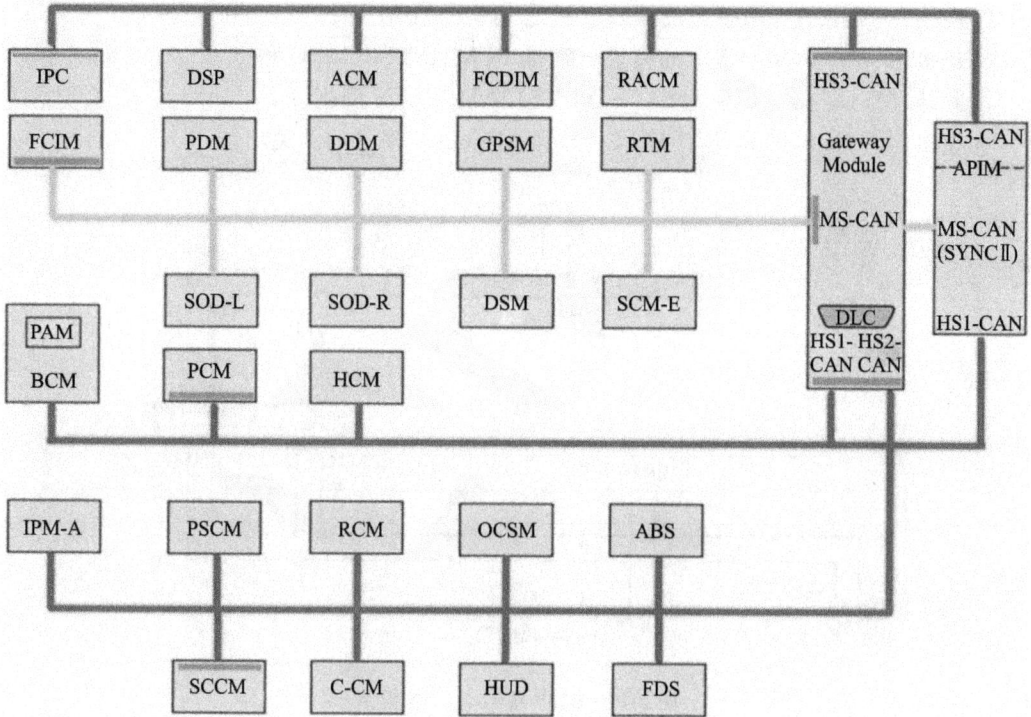

图 2-47　CD391 蒙迪欧 CAN 网络

④此外,BCM 与 SODR、SODL 还单独组成了一组 MS CAN 网络。

⑤在以上网络中,BCM、APIM 和 IC 分别承担了相应网络的网关功能。

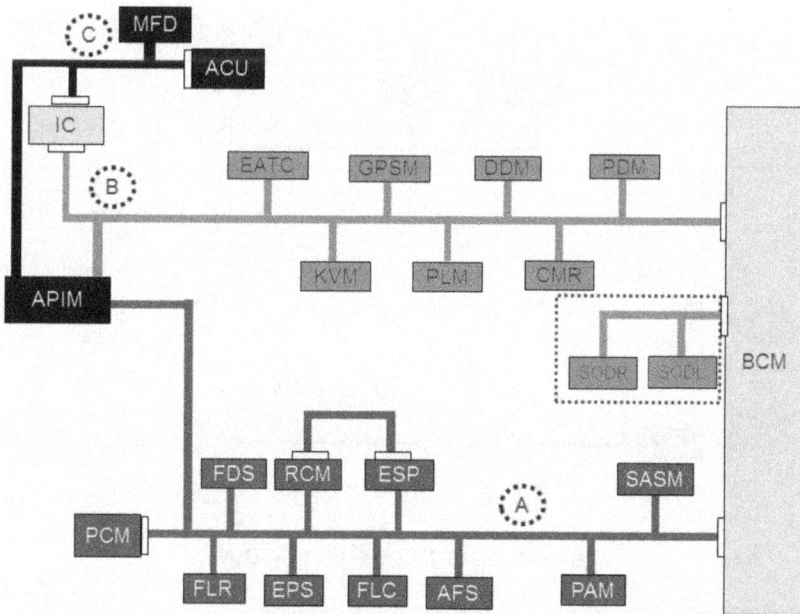

图 2-48　C520 翼虎 CAN 网络

B299 嘉年华 CAN 网络如图 2-49 所示,其特点如下。

①连接在 HS CAN 网络上的模块分别是 PCM、ABS、EPS、RCM 和 IC。

②连接在 MS CAN 网络上的模块分别是 BCM、EATC、MFD 和 IC。

③此外，MFD 与 ACU 还组成了一组单独的 HS CAN 网络。

④在以上网络中，IC 承担了 HS CAN 和 MS CAN 网络的网关功能。

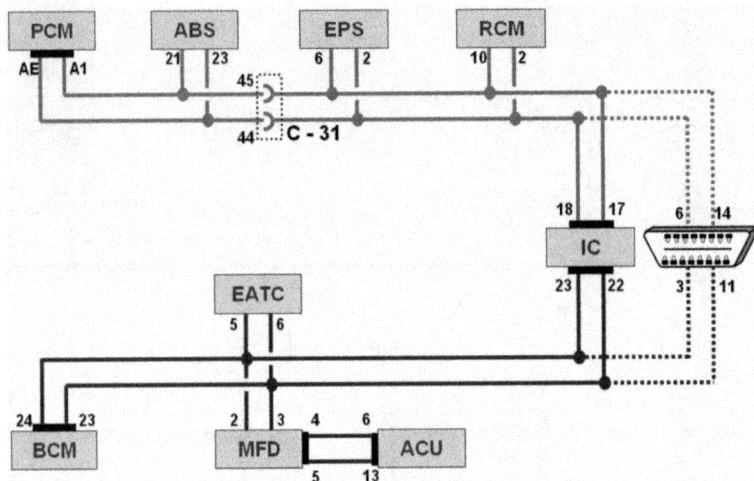

图 2-49　B299 嘉年华 CAN 网络

B515 翼博低配版 CAN 网络如图 2-50 所示，其特点如下。

①连接在 HS CAN 网络上的模块分别是 PCM、EPAS、RCM、ABS 和 ICM。

②连接在 MS CAN 网络上的模块是 BCM 和 ICM。

③连接在 MM CAN 网络上的模块是 ACU、MFD 和 ICM。

④在以上网络中，ICM 承担了 HS CAN、MS CAN 和 MM CAN 网络的网关功能。

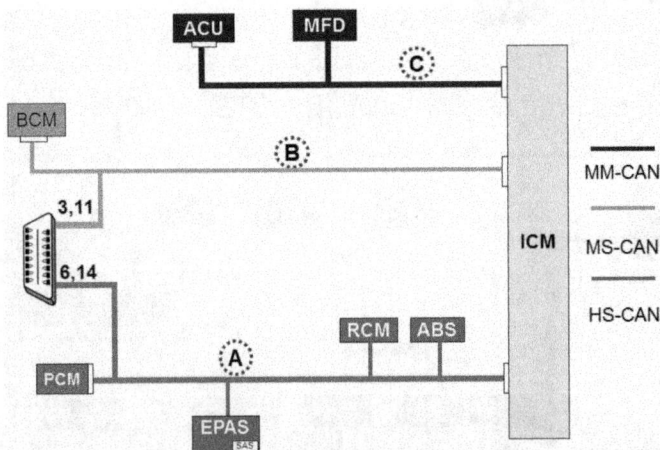

图 2-50　B515 翼博低配版 CAN 网络

B515 翼博高配版 CAN 网络如图 2-51 所示，其特点如下。

①连接在 HS CAN 网络上的模块分别是 APIM、PCM、KVM、EPAS、TCM、RCM、ESP 和 ICM，其中 RCM 与 ESP 组成了一组独立的 HS CAN 网络。

②连接在 MS CAN 网络上的模块是 BCM、KVM、GPS、EATC 和 ICM。

③连接在 MM CAN 网络上的模块是 APIM、ACU、MFD 和 ICM。

④在以上网络中,ICM、APIM 和 KVM 都承担了相应网络的网关功能。

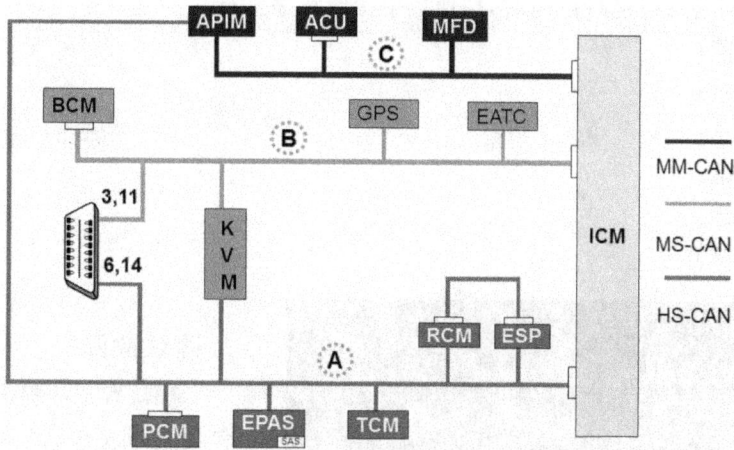

图 2-51　B515 翼博高配版 CAN 网络

2.4　CAN 网络诊断

CAN 网络的故障,包括网络部分失效和网络整体失效,即可能表现为部分控制模块无法与其他模块进行通信,或者任一模块之间均失去通信。如果已经判断故障属于 CAN 网络系统,则可以使用 CAN 网络的常用诊断方法执行故障诊断,以便快速、准确地找到故障原因,如图 2-52 所示。

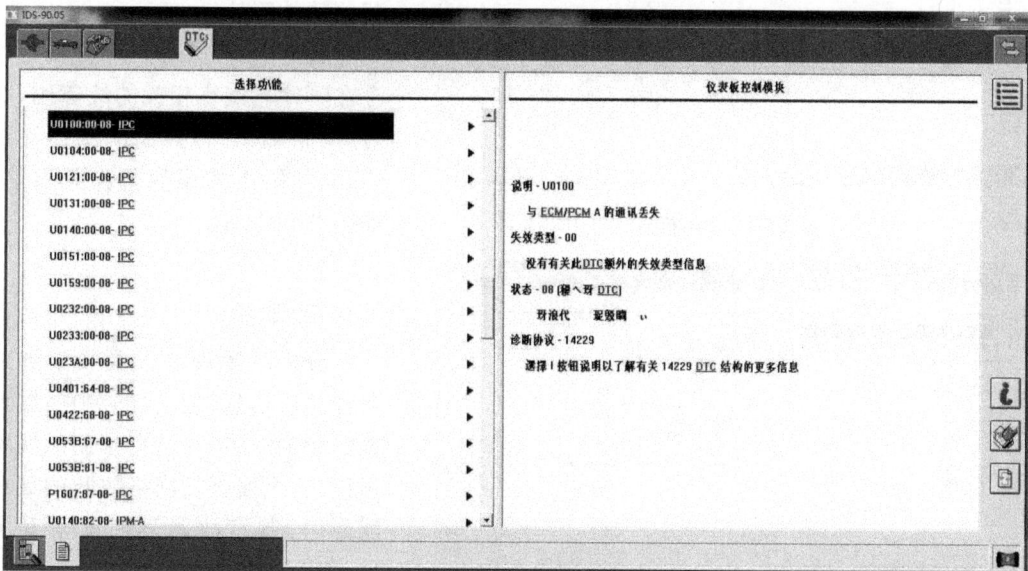

图 2-52　CAN 网络诊断

2.4.1 CAN 网络的诊断流程

对 CAN 网络系统进行诊断时,按照以下诊断程序进行:

①确认故障;

②收集信息;

③分析信息;

④诊断故障;

⑤修复故障;

⑥确认故障修复。

图 2-53 确认故障

1. 确认故障

确认客户所提出的故障现象,包括故障表现、发生条件、发生频率等。

CAN 网络部分失效或者整体失效,仪表上一般会出现异常的警告灯信息,如图 2-53 所示。

图 2-54 收集信息

2. 收集信息

对车辆进行进一步的相关操作,以掌握更加全面的与网络通信相关的故障信息。

连接 IDS,执行"自测"以判断存在哪些与网络相关的故障码,执行"网络测试"以判断哪些连接在 CAN 网络上的模块失去了通信,如图 2-54 所示。

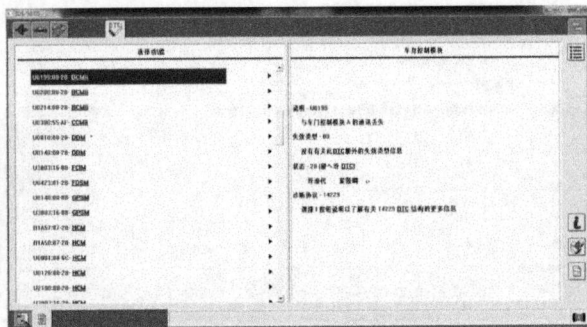

图 2-55 分析信息

3. 分析信息

分析故障现象以及收集到的各种关联信息,包括自测和网络测试的检测结果,并结合车型的网络拓扑图,全面分析网络故障的最可能原因,制订故障诊断流程和方法,如图 2-55 所示。

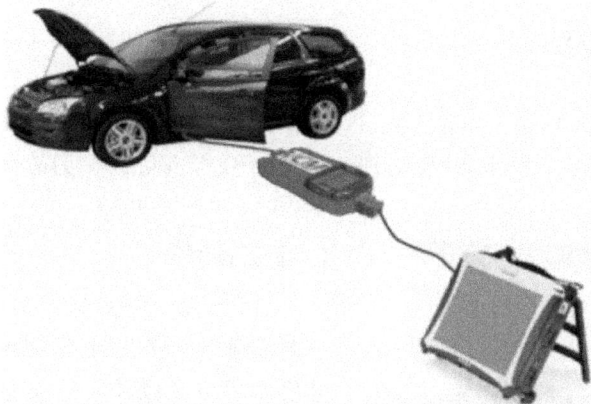

图 2-56 诊断故障

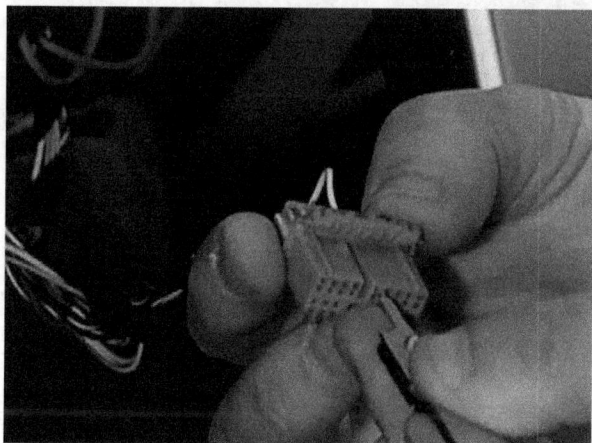

图 2-57 修复故障

图 2-58 确认故障修复

4. 诊断故障

根据此前的分析结果,借助各种诊断手段(IDS 使用、电阻测量、电压测量、示波器测量等)执行各项测量与诊断。在对网络进行诊断的过程中,应充分利用故障追踪功能,如图 2-56 所示。

5. 修复故障

车载网络的故障,存在于模块和总线上,经过诊断发现问题所在后,可以对故障部件进行维修或更换,如图 2-57 所示。

6. 确认故障修复

对故障点进行规范维修后,应参照故障出现的条件进行试验,以确认客户所反映的故障是否已经得到解决,包括车辆性能的恢复、仪表的异常、计数器的数值变化等,如图 2-58 所示。

2.4.2 CAN 网络的诊断方法

CAN 网络的故障诊断方法,包括故障现象、网络测试、DTC 读取、终端电阻测量、总线电压测量和总线波形测量等几种常用方法。此外,对故障现象的合理分析也可以作为故障原因的初步判断手段。

图 2-59 仪表显示异常

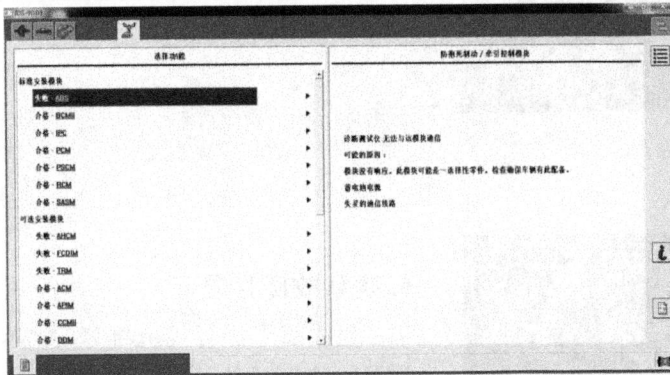

图 2-60 测试结果

1. 故障现象

因为 CAN 网络的故障与节点或网络总线有关,所以发生故障后单个模块或部分模块的通信将会丢失,因此从仪表上可以观察到相关模块的集中异常信息,如图 2-59 所示。

例如,当 HS CAN 总线失效后,仪表上来自 HS CAN 网络的各种警告灯则会点亮。

2. 网络测试

通过 IDS 的"网络测试"功能,可以判断 CAN 网络上的模块是否存在通信异常现象。此方法可以快速而准确地找到故障原因。

执行网络测试时,IDS 会与各个模块进行通信,并将结果展示出来,如图 2-60 所示。

①合格:表示此模块与 IDS 的通信正常,如"合格-PCM"。

②失败:表示此模块与 IDS 的通信丢失,如"失败-ABS"。

3. DTC 读取

车载网络的 DTC 用"U"表示,如"U0121-IPC 与 ABS 控制模块的通信漏失",因此,当使用 IDS 读取到此类故障码时,即可判断此故障与网络相关。

38

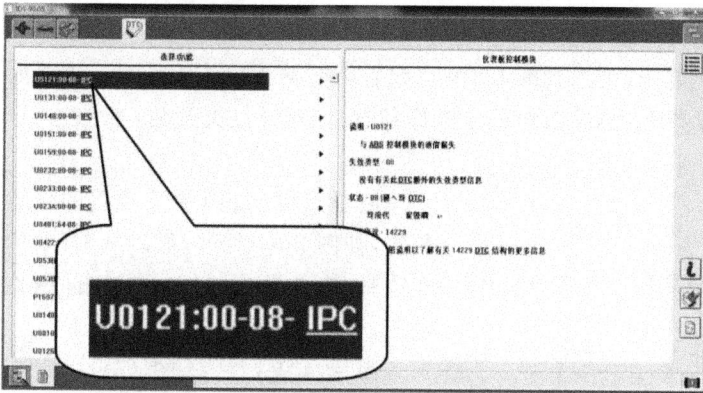

图 2-61　DTC 代码信息

DTC 代码信息如图 2-61所示。

①此 DTC 由 IPC 存储;

②此 DTC 能通过 IDS 读取,说明 IDS 与 IPC 通信正常;

③IPC 无法与 ECM 建立通信,原因可能在 ECM 或总线上。

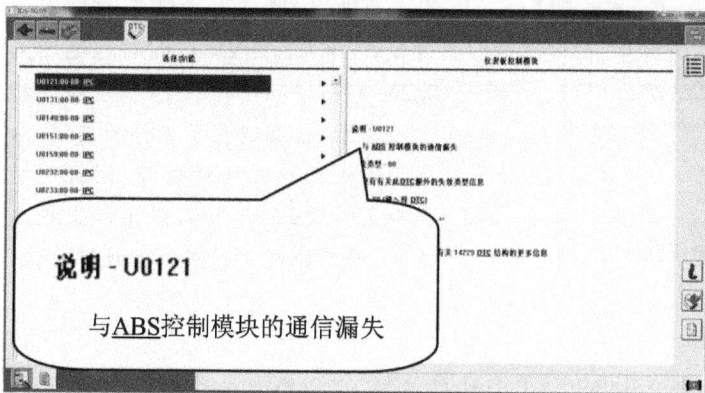

图 2-62　DTC 描述信息

DTC 描述信息如图 2-62所示。

①"与 ABS 控制模块的通信漏失",是指 IPC 无法与 ABS 控制模块建立通信;

②可能原因包括 ABS 模块故障、ABS 模块的供电与接地故障、ABS 模块的 CAN 分总线故障。

4.终端电阻测量

在对 CAN 进行故障诊断的过程中,可以利用终端电阻来判断 CAN 网络的总线是否出现故障。

测量 CAN 终端电阻前,需断开蓄电池,以使 CAN 网络断电。测量时应将万用表的两个表笔分别连接在总线的 CAN H 和 CAN L 上,测量点可以在 DLC 或总线的其他位置。

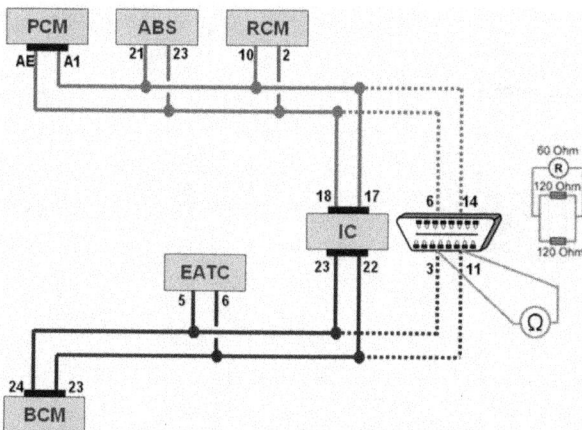

图 2-63　终端电阻测量

如图 2-63 所示,可以从 DLC 位置,用万用表分别测量 3 号和 11 号(或 6 号与 14 号)针脚之间的电阻值。

因为 BCM 与 IC 中的终端电阻分别为 120Ω,它们形成了并联关系,所以万用表的测量结果应为 60Ω。

①如果测量结果为 120Ω,则说明有一个终端电阻或一侧总线断路;

②如果测量结果无穷大,则说明两个终端电阻或 DLC 支路断路;

③如果测量结果为 0Ω,则说明 CAN H 与 CAN L 互相短路。

5. 总线电压测量

通过测量 CAN 总线的对地电压,可以判断 CAN 总线是否能够正常传输信号。测量时使用万用表的直流电压挡,且需要使 CAN 总线处于工作状态,如打开点火开关。

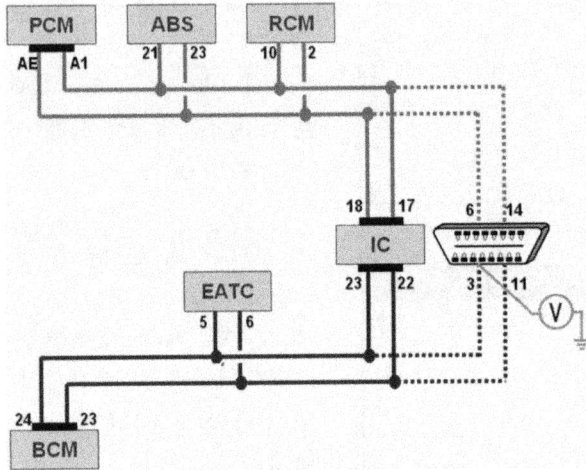

图 2-64　CAN 总线电压测量

测量点可以在 CAN 总线的任意位置,如图 2-64 所示,可以从 DLC 的 3 号针脚测量出 MS CAN 的对地电压。

因为 CAN 总线的 CAN H 与 CAN L 电压信号不一样,所以测量结果也有所区别。CAN H 的对地电压为 2.8V 左右,CAN L 的对地电压为 2.2V 左右。

提示:当总线处于工作状态时,如果无法测到以上电压信号,则说明总线存在异常;但如果测到了以上电压信号,并不能判定总线是无故障的。

6. 总线波形测量

如果总线存在故障,通过测量和识别 CAN 总线的波形,可以直观地判断其问题所在,例如,当 CAN H 与 CAN L 呈现两条重叠的直线时,说明它们存在互相短路的故障。

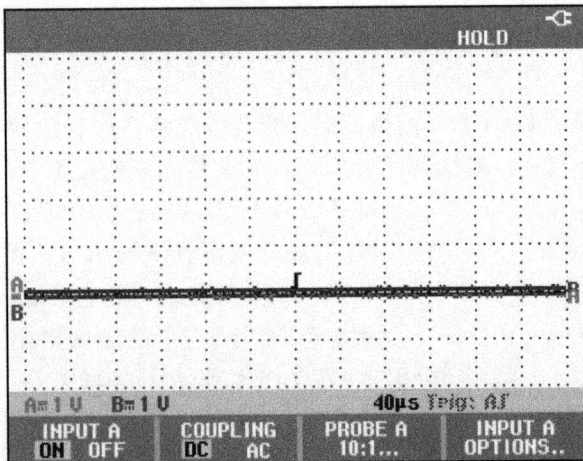

图 2-65　CAN H 对地短路时的信号波形

图 2-65 所示为 CAN H 对地短路时的信号波形。CAN H 与 CAN L 的电压均为 0V,因此 CAN 总线整体失效。

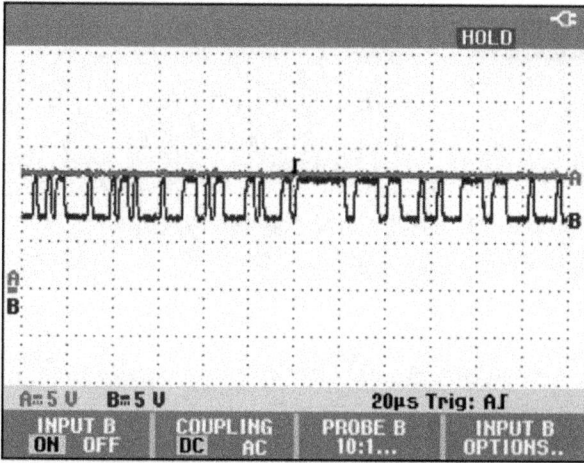

图 2-66 所示为 CAN H 对电源短路时的信号波形。CAN H 的电压为 12V,CAN L 的电压在 7～12V 之间变化。此时 CAN 网络仍然具备数据传输的能力。

图 2-66 CAN H 对电源短路时的信号波形

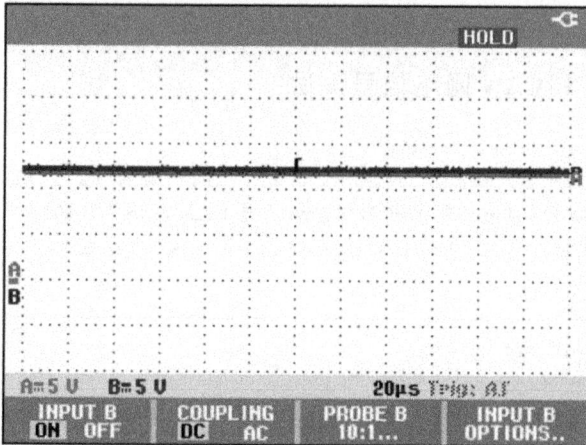

图 2-67 所示为 CAN L 对电源短路时的信号波形。CAN H 与 CAN L 的电压均为 12V,因此 CAN 总线整体失效。

图 2-67 CAN L 对电源短路时的信号波形

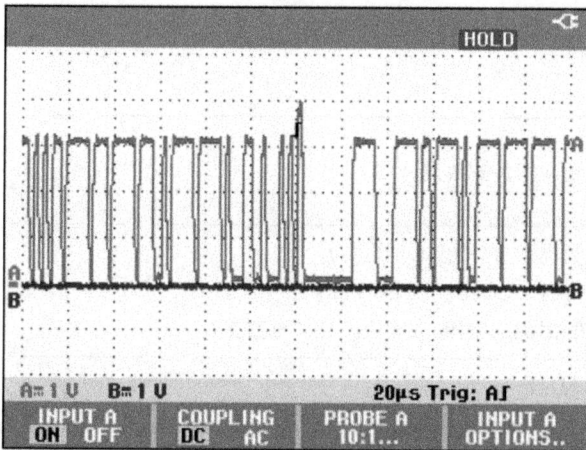

图 2-68 所示为 CAN L 对地短路时的信号波形。

CAN L 的电压为 0V,CAN H 的电压在 0～3V 之间变化,此时 CAN 网络能够继续传输信号。

图 2-68 CAN L 对地短路时的信号波形

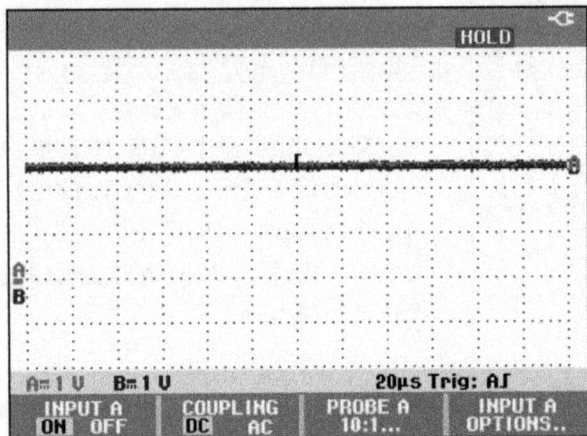

图 2-69 所示为 CAN H 与 CAN L 互相短路时的信号波形。CAN H 与 CAN L 的电压相等,均为 2.5V,因此 CAN 总线整体失效。

图 2-69　CAN H 与 CAN L 互相短路时的信号波形

训练任务 1:CAN 网络信号测试

训练情景	某车辆出现故障后,经过技师的初步诊断认为是 CAN 网络总线的问题,现提供万用表和示波器,请你对车辆的 HS CAN、MS CAN 和 MM CAN 总线进行测量诊断
训练任务	①CAN 网络电阻测量; ②CAN 网络电压测量; ③CAN 网络波形测量
训练目标	能够执行 CAN 网络的信号测试与分析
训练时间	90min
注意事项	测量线路时,需要注意保护线路
训练实施条件	①福克斯 1 台,翼虎 1 台(其他车型也可); ②实操工位、举升机、汽车尾气设备; ③福克斯电路图、翼虎电路图(或相应车型的电路图)
工具与设备	①IDS、VCM、VMM; ②万用表; ③普通手动工具、跨接线、检测探针、电工胶布

【技师组织与安排】

分两组进行,分别使用福克斯和翼虎车辆进行训练,完成后进行换组,如下表所示。

时间	组别	任务	操作对象
0～40min	A	步骤1、2、3	福克斯
	B	步骤1、2、3	翼虎
40～70min	A	步骤1、2、3	翼虎
	B	步骤1、2、3	福克斯
70～80min	A、B	讨论	
80～90min	A、B	学员自评、教师评分	

【训练步骤】

1.电阻测量

(1)HS CAN 网络

①断开蓄电池负极,测量DLC的6号与14号针脚之间的电阻值为_____Ω。

②断开ECM的CAN总线所在的连接器,测得6号与14号针脚之间的电阻值为_____Ω。

③断开ECM与CEM的连接器,测得6号与14号针脚之间的电阻值为_____Ω。

④恢复CAN总线正常,尝试在HS CAN总线的任何位置,测量CAN H/L之间的电阻值,结果为_____Ω。

(2)MS CAN 网络

①断开蓄电池负极,测量DLC的3号与11号针脚之间的电阻值为_____Ω。

②断开IPC的CAN总线所在的连接器,测得3号与11号针脚之间的电阻值为_____Ω。

(3)MM CAN 网络

①断开蓄电池负极,测量DLC的1号与8号针脚之间的电阻值为_____Ω。

②断开IPC的CAN总线所在的连接器,测得3号与11号针脚之间的电阻值为_____Ω。

2.电压测量

①在以下各条件下,测量HS CAN H与HS CAN L的对地电压值,填写下表。

测量条件	6号针脚	14号针脚
IG ON		
IG OFF 3min后		

②在以下各条件下,测量MS CAN H与MS CAN L的对地电压值,填写下表。

测量条件	3号针脚	11号针脚
IG ON		
IG OFF 3min后		

③在以下各条件下,测量MM CAN H与MM CAN L的对地电压值,填写下表。

测量条件	1 号针脚	8 号针脚
IG ON		
IG OFF 3min 后		

3.波形测量

使用示波器检测 CAN H 和 CAN L 工作时的电压波形,并画在相应的图中。

HS CAN H 与 HS CAN L

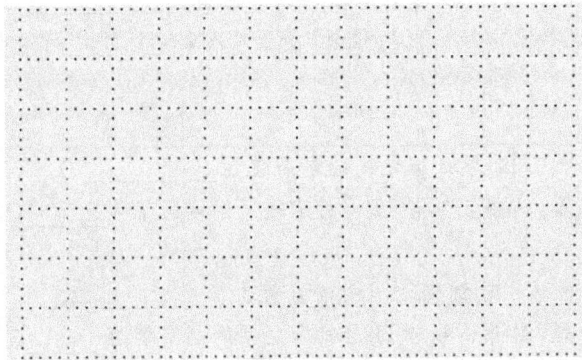

MS CAN H 与 MS CAN L

MM CAN H 与 MS CAN L

4.讨论

①CAN 网络的故障诊断中,电阻测量有何意义? 如何灵活使用此方法?

_____

_____

_____

_____

_____

_____

②在 CAN 网络的故障诊断中,电压测量有何意义?

_____

_____

_____

_____

_____

_____

_____

③在 CAN 网络的故障诊断中,波形测量有何意义?

_____

_____

_____

_____

_____

_____

_____

_____

教师点评

教师:＿＿＿＿＿＿＿＿

训练任务 2:CAN 网络容错测试

	训练情景	车主反映其车辆在行驶过程中仪表的各种故障灯突然点亮,车速、转速、水温等信息无法显示,针对此车辆,你需要进行检测并准确判断此故障是整体失效还是局部失效所致
	训练任务	①CAN 节点故障; ②CAN H 对地短路; ③CAN H 对电源短路; ④CAN L 对电源短路; ⑤CAN L 对地短路; ⑥CAN H 与 CAN L 短路
	训练目标	能够执行 CAN 网络的容错测试与分析
	训练时间	120min
	注意事项	模拟故障过程中需要避免诊断插头的电源接地,以免损坏保险丝
	训练实施条件	①福克斯 1 台、翼虎 1 台(其他车型也可); ②实操工位、举升机、汽车尾气设备; ③福克斯电路图、翼虎电路图(或相应车型的电路图)
	工具与设备	①IDS、VCM; ②万用表; ③普通手动工具、跨接线、检测探针

【技师组织与安排】

分两组进行,分别使用福克斯和翼虎车辆进行训练。

时间	组别	任务	操作对象
0～80min	A	步骤 1、2、3、4、5、6	福克斯
	B	步骤 1、2、3、4、5、6	翼虎
80～100min	A、B	A、B 组交换答案	
100～110min	A、B	讨论	
110～120min	A、B	学员自评、教师评分	

【训练步骤】

1. CAN 节点故障

故障设置:关闭点火开关,将仪表模块的 MS CAN 总线断开一根。

①确认故障现象,并进行记录。

_____

_____

②执行网络测试,记录"失败"的模块。

_____

_____

③读取故障码,记录结果。

_____

_____

④对总线进行电阻测量,记录结果。

_____

_____

⑤对总线进行电压测量,记录结果。

_____

_____

⑥讨论:此故障是否导致总线整体失效? 为什么?

_____

_____

故障设置:关闭点火开关,断开 ABS 的 ECU 保险丝。

⑦确认故障现象,并进行记录。

_____

_____

⑧执行网络测试,记录"失败"的模块。

_____

_____

⑨读取故障码,记录结果。

_____

_____

⑩对总线进行电阻测量,记录结果。

_____

_____

⑪对总线进行电压测量,记录结果。

_____

_____

⑫讨论:此故障是否导致总线整体失效? ABS 系统自身的工作是否正常?

_____

_____

2. MS CAN H 对地短路

①关闭点火开关,使用跨接线将 DLC 的 3 号针脚对地短路。

②记录故障现象。

_____

_____

③执行网络测试,记录结果。

项目	结果
失败的模块	
正常的模块	

④读取 DTC,并进行记录。

DTC	含义

⑤测量 DLC 的 3 号针脚电压为_____ V,11 号针脚电压为_____ V。

⑥此故障是否整体失效? 为什么?

_____

_____

_____

3. MS CAN H 对电源短路

①关闭点火开关,使用跨接线将 DLC 的 3 号针脚对电源短路。

②记录故障现象。

_____

_____

_____

③执行网络测试,记录结果。

项目	结果
失败的模块	
正常的模块	

④读取 DTC,并进行记录。

DTC	含义

⑤测量 DLC 的 3 号针脚电压为_____ V;11 号针脚电压为_____ V。

⑥此故障是否整体失效? 为什么?

_____

_____

4. MS CAN 其他故障

①使用跨接线将 DLC 的 11 号针脚对地短路。此故障结果与 MS CAN H 对电源短路有何区别? 3 号与 11 号针脚的电压分别是多少?

_____

_____

②使用跨接线将 DLC 的 11 号针脚对电源短路。此故障结果与 MS CAN H 对地短路有何区别? 3 号与 11 号针脚的电压分别是多少?

_____

_____

③使用跨接线将 DLC 的 3 号与 11 号针脚短路。此故障结果与 MS CAN H 对地短路有何区别? 3 号与 11 号针脚的电压分别是多少?

_____

_____

5. HS CAN 容错验证

使用跨接线分别设置以下故障,确认故障结果,并解释此故障与 MS CAN 有何异同之处。

故障设置	故障现象	网络测试	DTC
6 号针脚对地短路			
6 号针脚对电源短路			
14 号针脚对地短路			
14 号针脚对电源短路			
6 号与 14 号针脚短接			

6. MM CAN 容错验证

使用跨接线分别设置以下故障,确认故障结果,并解释此故障与 MS CAN 有何异同之处。

故障设置	故障现象	网络测试	DTC
1 号针脚对地短路			
1 号针脚对电源短路			
8 号针脚对地短路			
8 号针脚对电源短路			
1 号与 8 号针脚短接			

7. 讨论

①IDS 与 BCM 通信时,是通过 HS CAN 总线还是 MS CAN 总线进行的? 如何确认?

_____

_____

_____

_____

_____

②IDS 与 IPC 通信时,是通过 MS CAN 总线还是 MM CAN 总线进行的? 如何确认?

_____

_____

_____

_____

_____

_____

教师点评

教师:_____

训练任务 3:CAN 网络信号传输

	训练情景	车主反映其高配版福克斯车辆的水温表指示到最高值,为了全面判断此故障的原因,你需要清楚地知道水温信号从哪发出,经过哪些路径,最后才到达仪表
	训练任务	①CAN 网络拓扑图; ②信号传输
	训练目标	能够分析福特车辆 CAN 网络信号传递路径
	训练时间	90min
	注意事项	无
	训练实施条件	各车型的电路图
	工具与设备	无

【训练步骤】

1.高配版福克斯 CAN 网络拓扑图

①查找电路图,画出高配版福克斯车辆的 CAN 网络拓扑图。

②查找电路图,记录以下信号的传输路径。

信号	源模块	传输路径	目标模块
水温			IPC
ABS 警告灯			IPC
转向指示灯			IPC
手刹开关			IPC
倒挡开关			PAM
倒挡开关			多功能显示屏
偏航率信号			ESP
左前门开关			仪表
转向信号			盲点检测模块

2. CD391 蒙迪欧 CAN 网络拓扑图

①查找电路图,画出 CD391 蒙迪欧车辆的 CAN 网络拓扑图。

②查找电路图,记录以下信号的传输路径。

信号	源模块	传输路径	目标模块
水温			IPC
车速信号			IPC
制动开关			PCM
倒挡开关			PAM
倒挡开关			多功能显示屏
偏航率信号			ESP
左前门开关			仪表
转向信号			ESP
转向信号			盲点检测模块
无钥匙请求信号			PCM

3.讨论

车主反映其高配版福克斯车辆的水温表指示到最高值,针对此故障,请回答以下问题。

①请列举此车辆水温表指示到最高值的原因。

_____

_____

_____

_____

_____

②此车辆行驶了 30min 到达维修站,确认故障时只发现水温表指示到最高值,仪表的其他信息均正常,针对此问题,请说出你的诊断思路。

_____

_____

_____

_____

_____

_____

_____

教师点评

教师：_____

训练任务 4:CAN 网络故障综合诊断

	训练情景	车主反映其车辆出现了故障,经过初步判断你认为是 CAN 网络的问题引起的,请合理使用各种诊断方法,按照合理的诊断流程执行故障诊断
	训练任务	①诊断流程的应用; ②诊断方法的应用
	训练目标	能够选择合适的方法执行 CAN 网络的故障诊断
	训练时间	90min
	注意事项	①测量线路时,需要注意保护线路; ②处理线路时要规范操作,以免损坏线路
	训练实施条件	①福克斯 1 台、翼虎 1 台(其他车型也可); ②实操工位、举升机、汽车尾气设备; ③福克斯电路图、翼虎电路图(或相应车型的电路图)
	工具与设备	①IDS、VCM; ②万用表; ③普通手动工具、跨接线、检测探针、电工胶布

【技师组织与安排】

分两组进行,分别使用福克斯和翼虎车辆进行训练。

时间	组别	任务	操作对象
0～60min	A	步骤 1、2、3、4、5、6	福克斯
	B	步骤 1、2、3、4、5、6	翼虎
60～70min	A、B	A、B 组交换答案	
70～80min	A、B	讨论	
80～90min	A、B	学员自评、教师评分	

【训练步骤】

1.确认故障现象

打开点火开关,尝试启动发动机,记录故障现象(包括仪表信息、发动机动作等)。

_____

_____

_____

2.收集信息

①使用 IDS 执行车辆网络测试,记录测试结果。

_____

_____

_____

②使用 IDS 读取 DTC,记录 DTC 及其内容描述。

_____

_____

_____

③如发现其他故障信息,请记录:

_____

_____

_____

3.分析信息

①由以上收集到的信息,推测故障的可能原因:

_____

_____

_____

②针对分析结果,我的故障诊断思路是:

_____

_____

_____

4.故障诊断

①对网络总线执行电阻测试(测量点以灵活转移),记录结果:

_____

_____

_____

②对网络总线执行电压测试(测量点可以灵活转移),记录结果:

_____

_____

_____

③对网络执行其他测试,记录结果:可

_____

_____

_____

④综合以上测试结果,得到什么结论? 维修方案是什么?

_____

_____

_____

5.故障维修

修复故障,记录操作要点。

_____

_____

_____

6.确认故障修复

验证故障修复结果是否正常。

_____

_____

_____

7.讨论

在此故障的基础上,如果在 DLC 处将 3 号与 11 号针脚的线路对调安装,则故障现象、网络测试和 DTC 的结果如何?

_____

_____

_____

_____

教师点评

教师:_____

3 LIN 网络

学习目标

完成本章的学习后,达到以下目标:

✻ 能够解释 LIN 网络的特点。

✻ 能够解释 LIN 网络的基本原理。

✻ 能够执行 LIN 网络的诊断。

3.1 LIN 网络特点

LIN 是 Local Interconnect Network 的缩写,意为局部互联网,它采用了 OSI 模型中的两层:物理层和数据链路层。LIN 网络作为一种低成本、高效率的串行通信网络,已经普遍应用于现在的汽车上,它可以为现有的汽车网络(CAN 网络)提供辅助功能。LIN 网络和 CAN 网络之间的不同之处在于 CAN 网络遍布整个车辆,而 LIN 网络通常用于对传送速度和性能要求不那么高的较小的单独网络(如调节器和高级传感器通信)。

1999 年推出的 LIN 网络协议,规定了传输协议规范、传输媒体规范、开发工具接口规范和用于软件编程的接口标准,且设计时在硬件和软件上保证了网络节点的相互操作性。

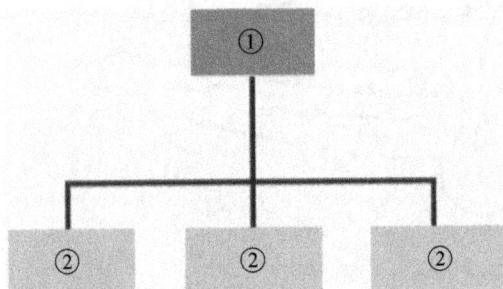

图 3-1 主从结构

1—主节点;2—从节点

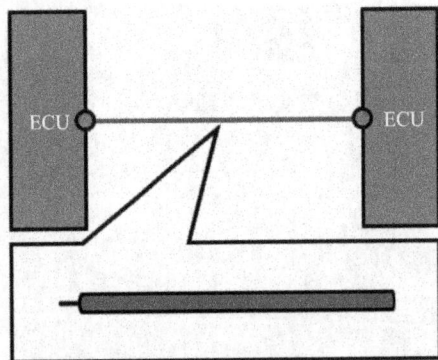

图 3-2 单线传输

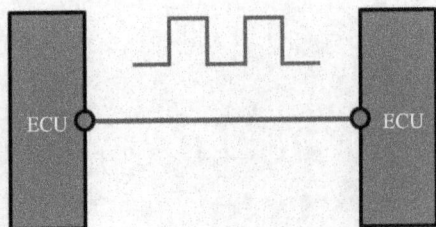

图 3-3 偏压驱动

1. 主从结构

LIN 网络属于单主多从结构,即一组网络中,只有一个主节点,从节点可以有多个,如图 3-1 所示。

①主节点能向任一从节点发送信号;

②从节点仅在主节点的控制下向 LIN 总线发送数据;

③从节点一旦将数据发布到总线上,任何节点都可以接收该数据,但只有一个节点允许回应。

2. 单线传输

LIN 使用单根非屏蔽导线作为数据总线连接主节点与任何一个从节点,如图 3-2 所示。

①总线不与诊断仪连接。

②总线的最大允许长度为 35m。

③连接在总线上的从节点数量一般不超过 16 个。节点过多将减少网络阻抗,会导致环境条件变差。

3. 偏压驱动

主从节点之间使用电压的高低变化,表示数据信息的含义(逻辑数据"0"和"1"),如图 3-3 所示。

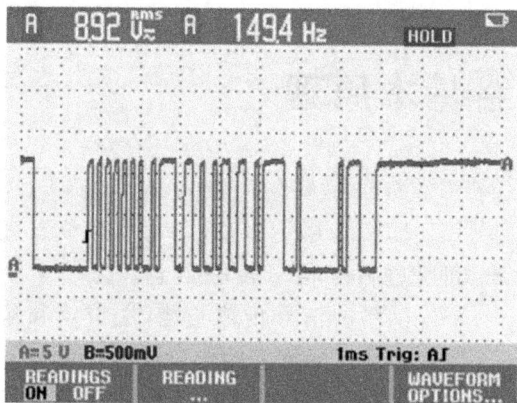

图 3-4 LIN 总线实测信号波形

图 3-4 所示为 LIN 总线实测信号波形,其电压范围为 0～12V。

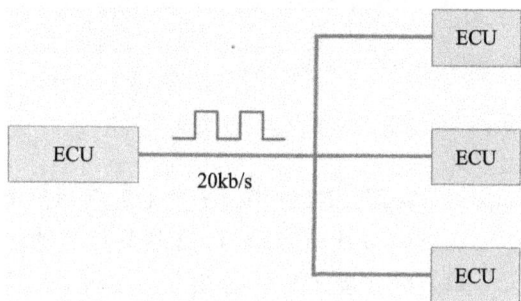

图 3-5 低速通信

4.低速通信

LIN 网络的传输速率接近 20kb/s,相对于 CAN 网络而言,其属于低速传输,如图 3-5 所示。

因此,LIN 网络并不适用于高速率的系统控制(如发动机控制)。

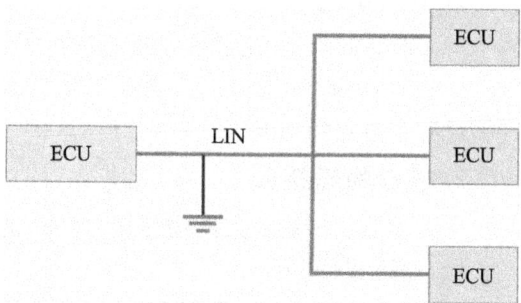

图 3-6 容错特性(一)

5.容错特性

当 LIN 网络出现以下故障时,则无容错能力:

①总线接地,如图 3-6 所示;

②总线断路;

③主节点故障。

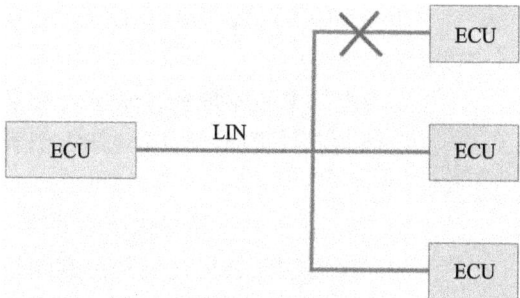

图 3-7 容错特性(二)

如果从节点损坏或其支路断路,则其他从节点与主节点的通信不受影响,如图 3-7 所示。

3.2 LIN 网络基本原理

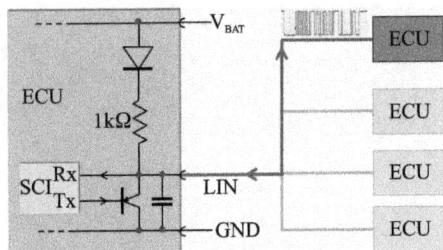

图 3-8 LIN 网络基本原理

LIN 为单主多从结构，主从节点之间通过数字信号传输信息。为了实现 LIN 网络的信号传输功能，主节点和从节点必须按照特定的协议规范设计其硬件结构，并按照协议发送和接收数字信号，如图 3-8 所示。

3.2.1 LIN 网络硬件结构

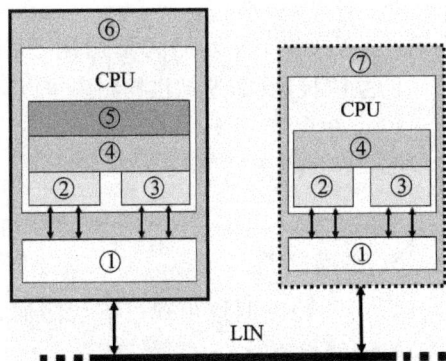

图 3-9 节点结构

①—物理接口；②—硬件 SCI；③—软件 SCI；④—从节点功能；⑤—主节点功能；⑥—主节点；⑦—从节点

一组 LIN 网络由一个主节点和多个（或单个）从节点组成，这些节点均通过单线路连接在 LIN 总线上。主从节点具有类似的硬件结构。

1. 节点结构

图 3-9 所示为主节点与从节点的结构。两者的结构类似，区别在于从节点没有主节点的功能。

2. 节点物理接口

主节点与从节点的物理接口结构类似，如图 3-10 所示。

①LIN 总线通过上拉电阻与电源线（V_{BAT}）连接，电源线连接外部电源。

②上拉电阻为 1kΩ（主节点）或 30kΩ（从节点）。

③与上拉电阻串联的二极管可以防止当电源电压下降时从 LIN 总线消耗电能。

④GND 为信号发送提供接地回路。

⑤LIN 总线与接地之间的电容可以消除 LIN 信号波动，电容的大小为 2.2nF（主节点）或 220pF（从节点）。

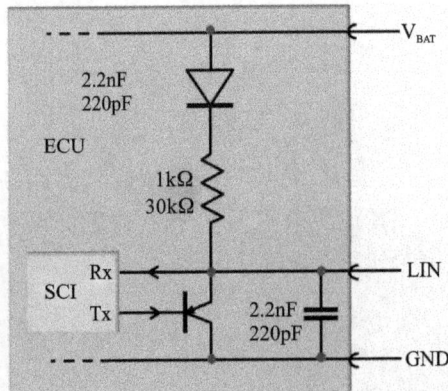

图 3-10 物理接口

3.2.2 LIN 网络信号传输

采用主从结构的 LIN 网络,主节点用于控制 LIN 总线,它通过对从节点进行查询,将数据发布到总线上。从节点仅在主节点命令下发送数据,从而在无须仲裁的情况下实现双向通信。因为节点物理结构类似,所以主节点和从节点的信号收发控制原理是一样的。下面从主节点的角度说明信号的发送和接收过程。

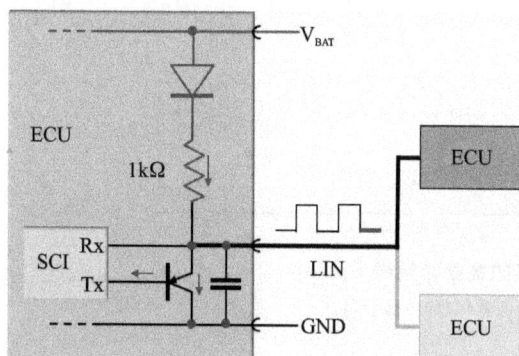

1. 信号发送

SCI 通过 Tx 控制三极管,使 V_{BAT} 与 GND 通过上拉电阻接通,LIN 总线形成了接地效果。此时,LIN 总线为低电平(0V),如图 3-11 所示。

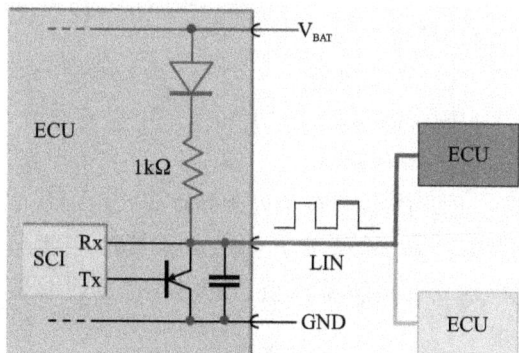

图 3-11 信号发送——低电平

当 SCI 不能控制三极管时,三极管处于截止状态。

此时 LIN 总线为高电平(等于 V_{BAT}),如图 3-12 所示。

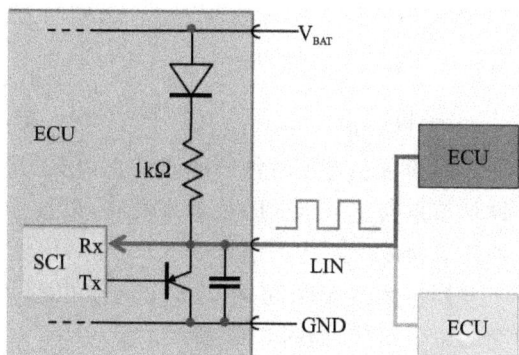

图 3-12 信号发送——高电平

2. 信号接收

从节点中的 SCI 在接通与断开内部三极管的过程中,会在总线上产生高低电平的变化。

主节点的 Rx 线可以接收这个高低变化的电压,从而判断其含义,如图 3-13 所示。

提示:如果 LIN 总线处于待用状态一段时间,从节点就会转为睡眠模式,以便降低功率消耗。

图 3-13 信号接收

3.2.3 LIN 网络的数据结构

一个 LIN 网络的数据帧是由一个数据标题(message header)和一个数据响应(message response)组成的,如图 3-14 所示。

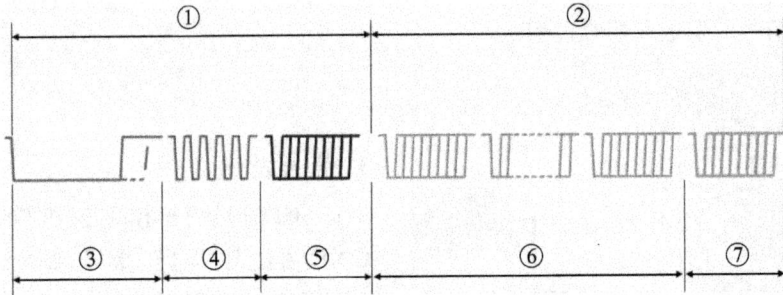

图 3-14 LIN 网络的数据帧结构
①—数据标题;②—数据响应;③—同步间隔区;④—同步区;⑤—标识符区;⑥—数据区;⑦—检验区

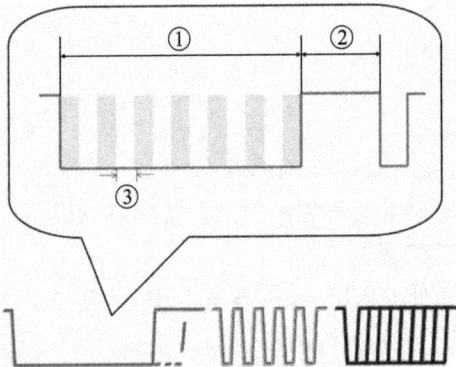

图 3-15 同步间隔区
①—间隔;②—同步定界符;③—位时间

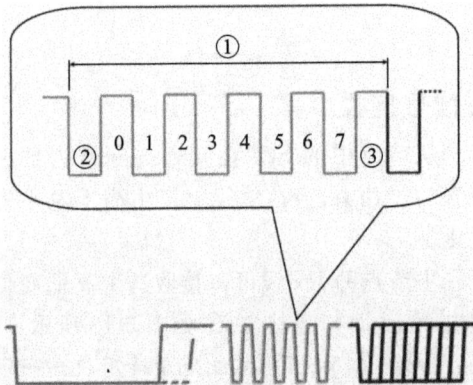

图 3-16 同步区
①—同步位;②—起始位;③—结束位

1. 数据标题

数据标题包括一个同步间隔区(synch break field)、一个同步区(synch field)和一个标识符区。

(1)同步间隔区

同步间隔区由间隔和同步定界符组成,如图 3-15 所示。

①间隔用于唤醒处于睡眠模式中的从节点。它是一个持续 T_{SYNBRK} 或更长时间(即最小是 T_{SYNBRK},不需要很严格)的显性总线电平。

②同步定界符是最少持续 T_{SYNDEL} 时间的隐性电平,它允许用来检测下一个同步区的起始位。

(2)同步区

同步区包含了时钟的同步信息,用于帮助从节点与主节点的时钟频率同步,以便能够正确接收所发送的信息。

同步区由 1 个起始位、8 个同步位和 1 个结束位组成,如图 3-16 所示。

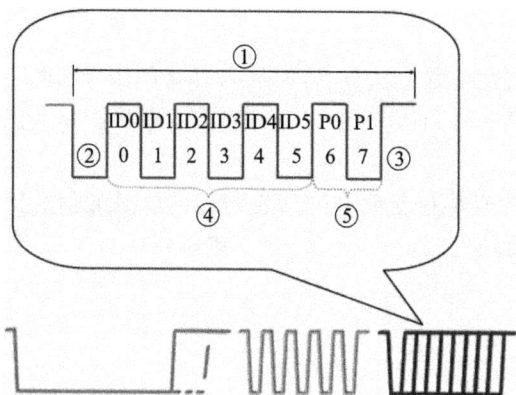

图 3-17　标识符区

①—标识符区；②—起始位；③—结束位；
④—标识符位；⑤—奇偶检验位

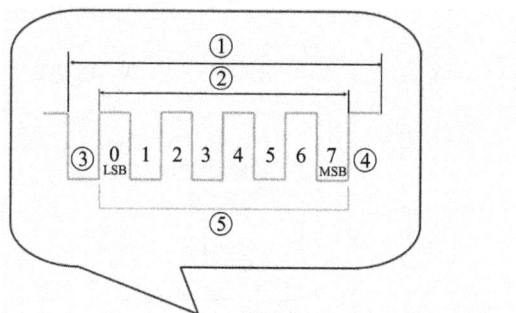

图 3-18　数据区

①—数据区；②—字节区；③—起始位；
④—结束位；⑤—8 位数据

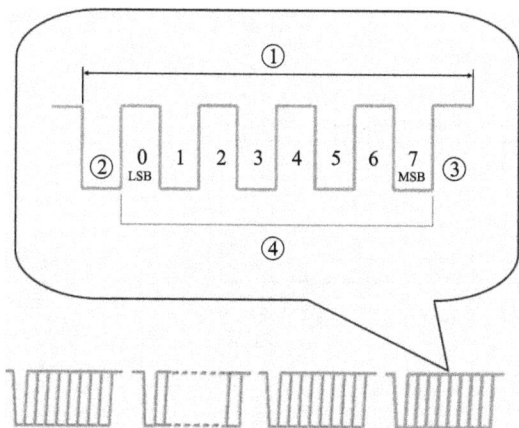

图 3-19　校验和区

①—校验和区；②—起始位；③—结束位；④—校验和位

（3）标识符区

标识符区定义了数据的内容和长度，其内容是由 6 个标识符位（ID0～ID5）和 2 个奇偶校验位（P0、P1）组成，如图 3-17 所示。

①ID0～ID4 定义了数据的类型、发送的目标节点等信息；

②ID4 和 ID5 定义了数据区数量（即数据长度）；

③P0 和 P1 用于检验 ID0～ID5 的正确性（不能全部为隐性或显性数据）。

2. 数据响应

数据响应由多个数据区（data field）和一个校验和区（checksum field）组成，数据区由间隔字节区相隔。

根据应用，如果信息和节点无关，则数据的响应区可以不需要处理，在这种情况下，校验和计算可以忽略。

（1）数据区

数据区定义了数据的含义，如驱动指令等。

数据长度可为 2～8 个字节，在发送数据信息时，最不重要的字节先发送。

每个字节由 8 位数据组成，传输由 LSB 开始。如图 3-18 所示。

（2）校验和区

校验和区是数据区所有字节的和的补码，让从节点可以检查所收到的信息是否正确传送，或者在传送期间是否可能发生任何干扰而破坏了数据，如图 3-19 所示。

如果从主节点到从节点的传送期间信息中发生错误，也就是说，从节点计算的检核总和不一致，从节点就会清除信息，并且等待主节点发送下一条信息。

3. 数据的检测

当主节点发出信号时,数据帧定义了此数据发给哪个从节点,而且只有此目标节点能对这个数据做出响应。由于没有仲裁过程,如果多于一个从节点回应,则将产生错误。从节点不会对已经正确接收的信息发送确认。

主节点重新读取 LIN 总线上发送的信息,并且将重新读取的信息与先前发送的信息比较。如果所发送和检测的信息相同,主节点就会预先假定从节点已经正确接收信息。

3.2.4 LIN 网络的应用

LIN 网络在福特车辆上得到了较广的普及,且多数车辆同时使用了多组独立的 LIN 总线,以实现各种功能。应用于车辆上的多组 LIN 网络独立工作,互不干扰。每组 LIN 网络都有一个主节点和一个或多个从节点。

下面以 CD391 蒙迪欧为例,介绍 LIN 网络的应用。

1. 活动格栅百叶窗 LIN 网络

动力系统控制模块(PCM)与活动格栅百叶窗组成了一组 LIN 总线,其中 PCM 为主节点,活动格栅百叶窗为从节点,如图 3-20 所示。

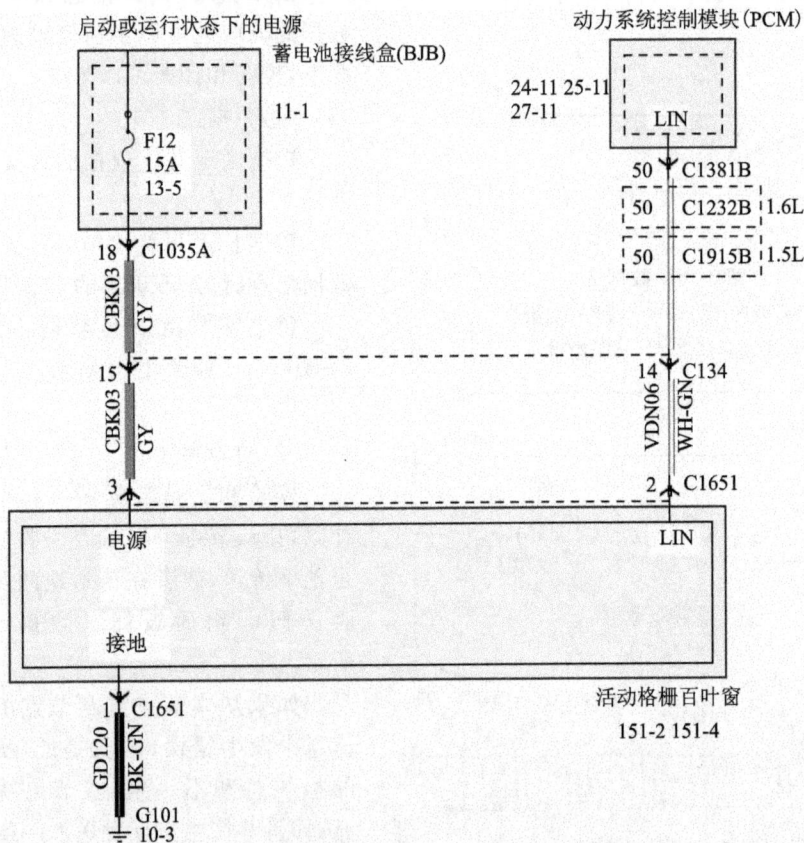

图 3-20　活动格栅百叶窗 LIN 网络

2. 自动雨刮 LIN 网络

转向柱控制模块(SCCM)与雨量传感器模块、雨刮控制模块组成了一组 LIN 总线,其中 SCCM 为主节点,雨量传感器模块和雨刮控制模块为从节点,如图 3-21 所示。

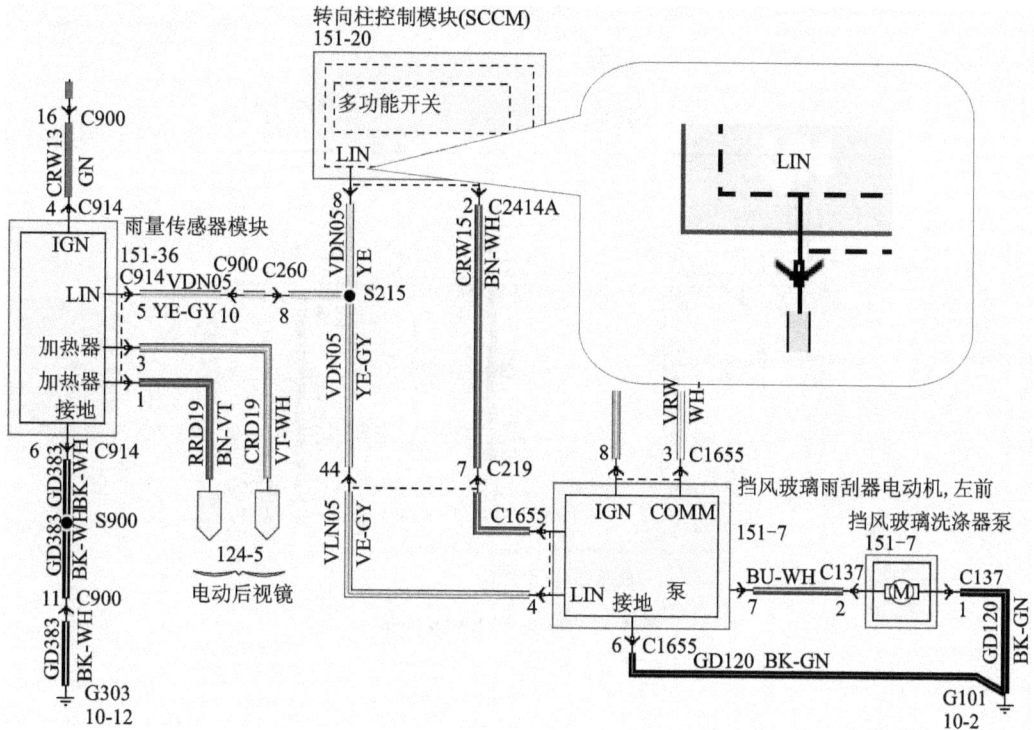

图 3-21 自动雨刮 LIN 网络

3. 自动大灯 LIN 网络

大灯控制模块(HCM)与左右侧自动大灯分别组成了一组 LIN 总线,此两组总线互不相关。

在此两组 LIN 总线中,HCM 均为主节点,如图 3-22 所示。

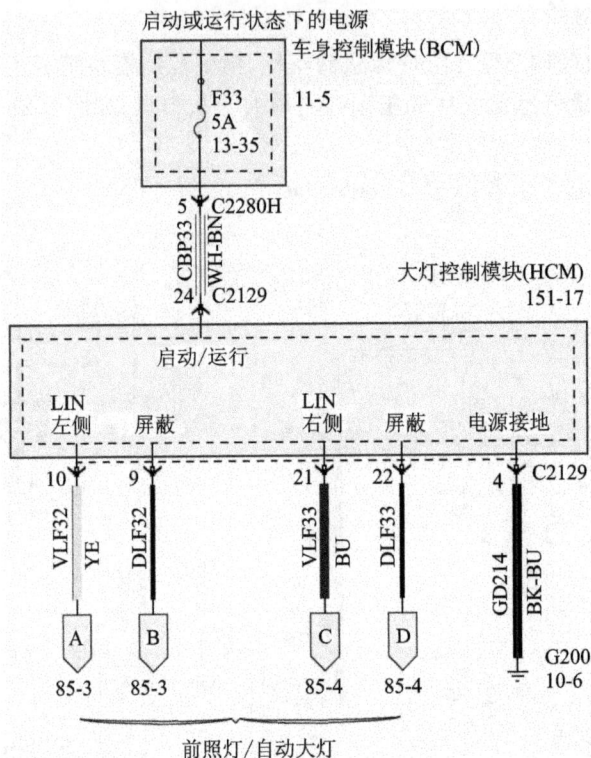

图 3-22　自动大灯 LIN 网络

3.3　LIN 网络诊断

因为 LIN 网络没有容错功能,所以当 LIN 网络出现故障后相关的功能会失效。但如果是从节点故障或支路断路,则不会影响主节点与其他节点的通信。

一般而言,引起 LIN 网络故障的原因有:

①节点的供电或接地故障;

②节点本身硬件故障;

③总线短路或断路故障。

3.3.1　LIN 网络的诊断流程

对 LIN 网络系统进行诊断时,也应按照确认故障→收集信息→分析信息→诊断故障→修复故障→确认故障修复的程序进行。

图 3-23　确认故障

1. 确认故障

当某个带 LIN 总线的功能失效后,我们应怀疑此系统与 LIN 的相关性。例如,通过驾驶员侧电动窗开关无法操作各车窗时,LIN 总线就是可能的原因,如图 3-23 所示。

此外,通过故障表现的全面症状,可以更准确地推断原因。

2. 收集信息

明确 LIN 的拓扑图对诊断 LIN 总线的故障非常关键。特别是多个从节点的 LIN 总线,可以通过验证其他功能是否正常来推断当前故障是在主节点或总线上,还是在从节点上,如图 3-24 所示。

例如,通过左前电动窗开关无法操作左后车窗,但能通过左前门锁开关操作左后门上锁,则说明此问题可能发生在节点功能上。

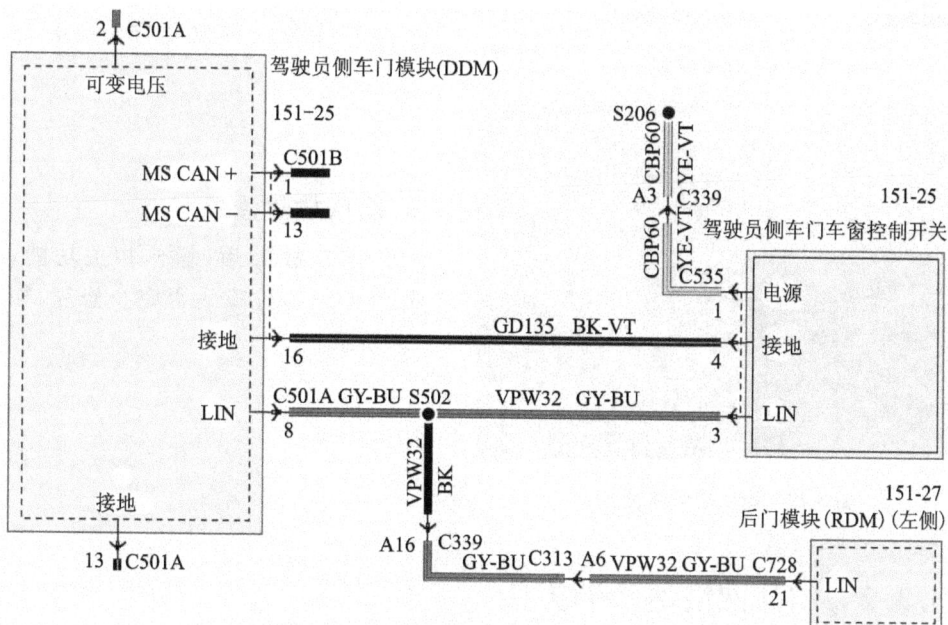

图 3-24　收集信息

图 3-25　分析信息

图 3-26　修复故障

图 3-27　确认故障修复

3. 分析信息

通过收集到的全面的故障症状信息，以及 LIN 总线的拓扑结构，掌握相关功能的工作原理，推测可能的故障原因，并制订故障诊断方法，如图 3-25 所示。

4. 诊断故障

通过各种手段对 LIN 总线进行故障诊断，例如读取节点数据流，测量总线电压、电阻或波形，测量节点的供电和接地等，从而找到故障原因。

5. 修复故障

如果推断故障原因在节点，则更换节点；如果推断故障原因在节点的供电或接地，则修复供电或接地；如果推断故障原因在 LIN 总线，则修复总线，如图 3-26 所示。

LIN 总线的修复方法与普通导线相同。

6. 确认故障修复

修复故障后，操作相关功能，判断 LIN 网络的故障是否完全修复，如图 3-27 所示。

3.3.2　LIN 网络的诊断方法

LIN 总线本身不能进行诊断，因此无法通过诊断仪等设备对其进行网络测试来进行故障诊断，但可以通过读取模块参数的方法来进行故障判断。

LIN 网络总线的常用诊断方法还包括参数读取、节点电阻测量、总线电压测量、总线波形测量等。

1. 参数读取

LIN 网络的主节点一般都连接在 CAN 网络上,因此使用 IDS 可以读取到主节点的参数。

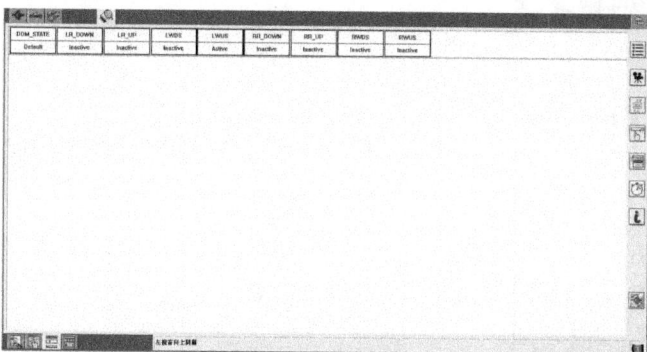

图 3-28　参数读取

一般情况下,LIN 总线的从节点都作为主节点的特定参数,因此通过 IDS 读取这些参数信息,并配合相应的功能操作,即可判断从节点或总线的性能是否良好。

如图 3-28 所示,在 DDM 中可以观察到驾驶员电动车窗开关的参数。

操作开关时其数据随之变化,说明此节点及总线正常。

2. 节点电阻测量

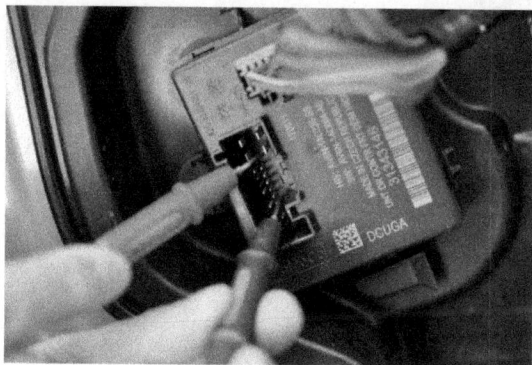

图 3-29　节点电阻测量

通过 LIN 网络节点的硬件结构可知,LIN 总线与电源之间有一个上拉电阻,因此测量此电阻值可以作为判断节点故障的方法之一。

如图 3-29 所示,测量时,万用表的红表笔应放在电源线端,黑表笔放在总线端。测量结果应为:主节点为 1kΩ,从节点为 30kΩ。

3. 总线电压测量

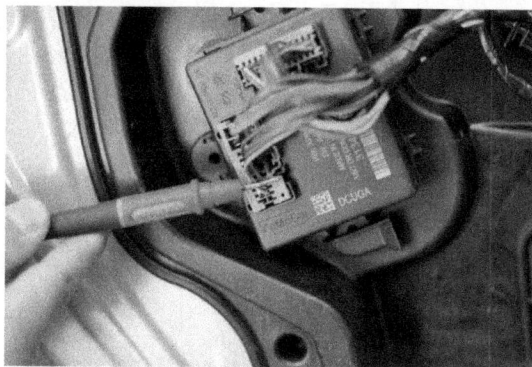

图 3-30　总线电压测量

在正常电源电压和正常通信下,LIN 总线上的平均电压为 7~8V。测量 LIN 总线的电压,可以作为判断 LIN 网络是否工作的方法之一。

如图 3-30 所示,测量 LIN 总线工作电压时,使用万用表的直流电压挡,测量结果为 7~8V(存在小范围的波动)。

4. 总线波形测量

通过测量 LIN 总线工作时的波形,可以直观地判断 LIN 总线是否正在传递信号。如果 LIN 总线存在故障,则其波形也表现出异常特征。

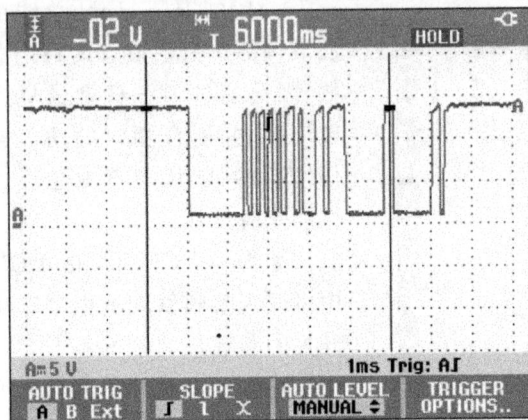

图 3-31 所示为 LIN 总线工作时的正常波形。

图 3-31　LIN 总线正常波形

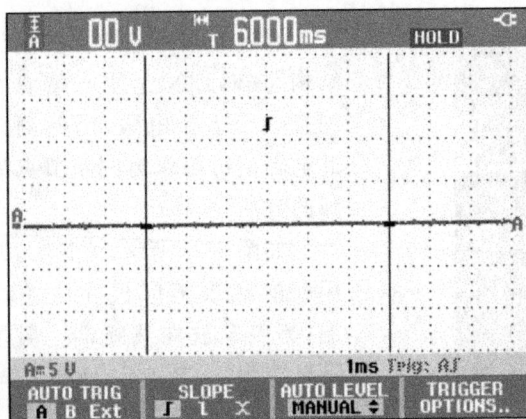

当 LIN 总线出现对地短路时,其波形如图 3-32 所示。

LIN 总线因电压保持为 0V,所以失去了通信能力。

图 3-32　LIN 总线对地短路时的波形

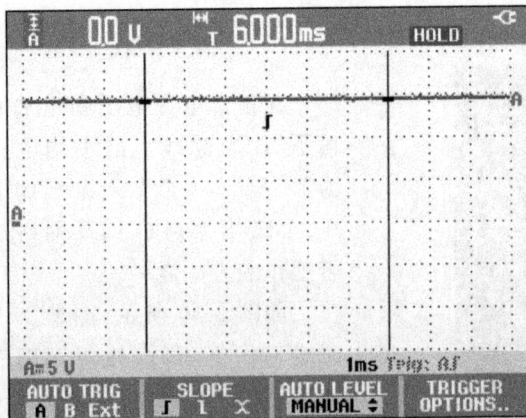

当 LIN 总线对电源短路时,其波形如图 3-33 所示,此时 LIN 总线同样失去了通信能力。

图 3-33　LIN 总线对电源短路时的波形

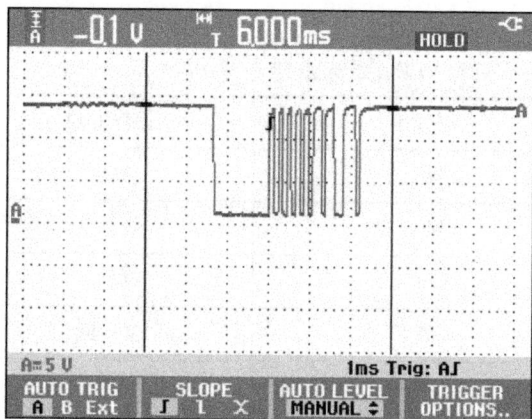

图 3-34　LIN 总线断路时的波形

当总线断路时,LIN 总线依然可以从主模块发出数据信号,但信号波形有所变化,如图 3-34 所示。

训练任务 5:LIN 网络信号测试

	训练情景	某 C520 翼虎车辆,车主反映使用左前侧车窗开关无法控制左后侧车窗工作,为了正确诊断此类故障,需要对 LIN 网络的特性及其故障特点进行全面了解
	训练任务	①LIN 网络电阻测量; ②LIN 网络电压测量; ③LIN 网络波形测量
	训练目标	能够执行 LIN 网络的信号测试与分析
	训练时间	90min
	注意事项	测量线路时,需要注意保护线路
	训练实施条件	①翼虎 1 台,蒙迪欧 1 台; ②实操工位; ③翼虎电路图,蒙迪欧电路图
	工具与设备	①IDS、VCM、VMM; ②万用表; ③普通手动工具、跨接线、检测探针、电工胶布

【技师组织与安排】

分两组进行,分别使用翼虎和蒙迪欧车辆进行训练,完成后进行换组。

时间	组别	任务	操作对象
0～40min	A	步骤1、2	翼虎
	B	步骤1、2	蒙迪欧
40～60min	A	步骤3	翼虎
	B	步骤3	蒙迪欧
60～70min	A、B	A、B组交换步骤1、2的答案	
70～80min	A、B	讨论	
80～90min	A、B	学员自评、教师评分	

【训练步骤】

1.电阻测量

(1)C520 翼虎车辆 LIN 网络

①查找电路图,驾驶员侧电动车窗 LIN 线的颜色是＿＿＿＿＿＿。

②断开电动车窗控制开关的连接器,使用万用表测量开关侧 LIN 针脚与电源针脚(3号与1号针脚)之间的电阻值为＿＿＿＿＿＿Ω。

③断开驾驶员车门模块的连接器,使用万用表测量模块侧 LIN 针脚与电源针脚(8号与2号针脚)之间的电阻值为＿＿＿＿＿＿Ω。

(2)CD391 蒙迪欧车辆 LIN 网络

①查找电路图,驾驶员侧电动车窗 LIN 线的颜色是＿＿＿＿＿＿。

②断开电动车窗控制开关的连接器,使用万用表测量开关侧 LIN 针脚与电源针脚(3号与1号针脚)之间的电阻值为＿＿＿＿＿＿Ω。

③断开驾驶员车门模块的连接器,使用万用表测量模块侧 LIN 针脚与电源针脚之间的电阻值为＿＿＿＿＿＿Ω。

2.电压测量

(1)C520 翼虎车辆 LIN 网络

①保持驾驶员侧电动车窗控制开关的连接器连接,使用万用表测量驾驶员侧车窗 LIN 网络在以下条件时的对地电压值。

测量条件	测量结果
IG OFF	
IG ON	
通过驾驶员侧控制开关操作左前车窗	
通过驾驶员侧控制开关操作左后车窗	
通过左后侧控制开关操作左后车窗	

②保持乘客侧电动车窗控制开关的连接器连接,使用万用表测量乘客侧车窗 LIN 网络在以下条件时的对地电压值。

测量条件	测量结果
通过驾驶员侧控制开关操作右前车窗	
通过驾驶员侧控制开关操作右后车窗	
通过右后侧控制开关操作右后车窗	

(2)CD391 蒙迪欧车辆 LIN 网络

①保持驾驶员侧电动车窗控制开关的连接器连接,使用万用表测量驾驶员侧车窗 LIN 网络在以下条件时的对地电压值。

测量条件	测量结果
IG OFF	
IG ON	
通过驾驶员侧控制开关操作左前车窗	
通过驾驶员侧控制开关操作左后车窗	
通过左后侧控制开关操作左后车窗	

②保持乘客侧电动车窗控制开关的连接器连接,使用万用表测量乘客侧车窗 LIN 网络在以下条件时的对地电压值。

测量条件	测量结果
通过驾驶员侧控制开关操作右前车窗	
通过驾驶员侧控制开关操作右后车窗	
通过右后侧控制开关操作右后车窗	

3.电压测量

使用示波器检测驾驶员侧 LIN 网络在以下条件下的电压波形,并画在相应的图中。

通过驾驶员侧控制开关控制左后车窗

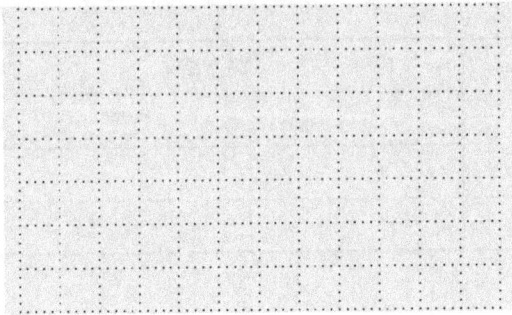

不操作车窗开关

4.讨论

①使用驾驶员侧车窗开关控制右后侧车窗时,操作指令经过了哪些路径进行传输?

_____

_____

_____

_____

_____

②如果将左后车门模块与右后车门模块互换,电动车窗的控制功能是否正常?

_____

_____

_____

_____

_____

_____

教师点评

_____

教师：_____

训练任务 6：LIN 网络故障综合诊断

训练情景	车主反映其 C520(CD391)车辆的电动车窗系统出现了故障,经过初步判断你认为是 LIN 网络的问题引起的,请合理使用各种诊断方法,按照合理的诊断流程执行故障诊断	
训练任务	①诊断流程的应用; ②诊断方法的应用	
训练目标	能够选择合适的方法执行 LIN 网络的故障诊断	
训练时间	90min	
注意事项	①测量线路时,需要注意保护线路; ②处理线路时要规范操作,以免损坏线路	
训练实施条件	①翼虎1台,蒙迪欧1台; ②实操工位; ③翼虎电路图、蒙迪欧电路图	
工具与设备	①IDS、VCM; ②万用表; ③普通手动工具、跨接线、检测探针、电工胶布	

【技师组织与安排】

分两组进行,分别使用翼虎和蒙迪欧车辆进行训练。

时间	组别	任务	操作对象
0～60min	A	步骤1、2、3、4、5、6	翼虎
	B	步骤1、2、3、4、5、6	蒙迪欧
60～70min	A、B	A、B组交换答案	
70～80min	A、B	讨论	
80～90min	A、B	学员自评、教师评分	

【训练步骤】

1.确认故障现象

①通过驾驶员车门电动窗开关操作全车车窗,结果如何?

_____

_____

②通过左后电动窗开关操作其车窗,结果如何?

_____

_____

③通过右前车窗开关和右后车窗开关操作本车门的车窗,结果如何?

_____

_____

2.收集信息

①使用 IDS 读取 DTC,记录 DTC 及其内容描述。

_____

_____

②查阅线路图,画出电动车窗控制系统的 LIN 网络拓扑图。

③如发现其他故障信息,请记录:

_____

_____

3.分析信息

①由以上收集到的信息推测故障的可能原因:

_____

_____

②针对分析结果,我的故障诊断思路是:

_____

_____

4.故障诊断

①使用驾驶员侧控制开关控制左后车窗,测量 LIN 总线的电压,记录结果:

_____

_____

②检测 LIN 总线的物理特性(有无断路、接地或接电源等),记录结果:

_____

_____

③检测模块的电源与接地情况,检测总线与模块的连接情况,记录结果:

_____

_____

④综合以上测试结果,得到什么结论? 维修方案是什么?

_____

_____

5. 故障维修

修复故障,记录操作要点:

_____

_____

_____

_____

_____

_____

6. 故障确认

验证故障修复结果是否正常。

_____

_____

_____

7. 讨论

①断开驾驶员侧车门模块的电源保险丝,通过驾驶员侧电动车窗控制开关操作全车车窗,有何结果? 通过左后开关操作其电动窗,结果如何? 为什么?

_____

_____

_____

②断开乘客侧车窗模块的电源保险丝,通过驾驶员侧车门电动窗开关操作全车车窗,有何结果? 为什么?

_____

_____

_____

③将左电动窗 LIN 总线接地,通过各开关操作电动窗,结果如何? 为什么?

_____

_____

_____

教师点评

_____

_____

_____

_____

_____

_____

_____

_____

_____

_____

_____

_____

_____

_____

_____

_____

_____

_____

_____

_____

_____

_____

教师：_____

4 模块编程

学习目标

完成本章的学习后,达到以下目标:

- ✲ 能够按规范执行模块更换编程。
- ✲ 能够按规范执行模块重新编程。
- ✲ 能够按规范执行车辆参数设定。

4.1 模块更换编程

模块更换编程功能用于更换新模块时,操作时需要使用 IDS 进行。更换新模块时是否需要执行模块更换编程,取决于具体车型,使用 IDS 可以查询。图 4-1 所示为 C520 翼虎车辆需要执行模块更换编程的模块。

图 4-1　模块更换编程

4.1.1　模块更换编程操作流程

模块更换编程的执行过程,分为以下几个步骤。

图 4-2　连接电源

1.连接电源

确保车辆充电正常,如有需要则连接外接电源,如图 4-2 所示。

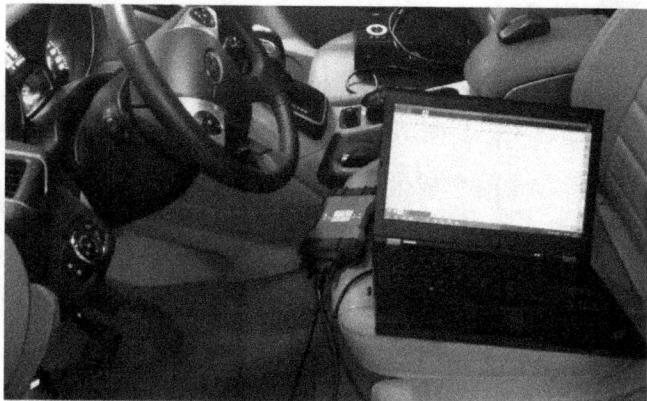

图 4-3 连接诊断仪

2. 连接诊断仪

模块更换编程需要借助 IDS 进行,连接诊断仪,即可执行模块编程,如图 4-3 所示。

图 4-4 选择模块

3. 选择模块

在 IDS 中选择"可编程模块安装",选择相应的模块,如图 4-4 所示。

图 4-5 执行模块更换编程

4. 执行模块更换编程

按照 IDS 的提示,执行模块更换编程,如图 4-5 所示。

4.1.2　模块更换编程应用

下面以 C520 翼虎车辆的 PCM 为例,说明模块更换的操作步骤。

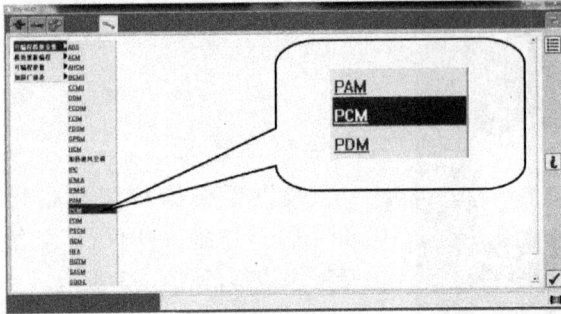

图 4-6　选择 PCM

进入模块编程功能，选择"可编程模块安装"，选择"PCM"，如图 4-6 所示。

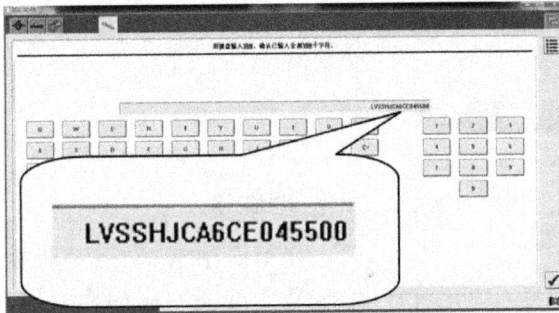

图 4-7　输入 VIN 号

输入车辆 VIN 号，如图 4-7 所示。

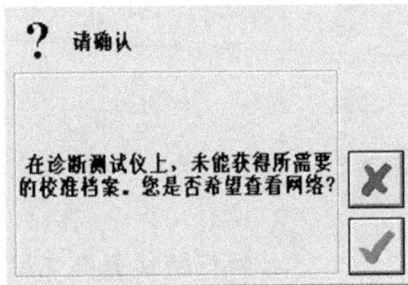

图 4-8　下载校准数据

如果 IDS 未安装校准数据，则系统会进行提示，此时需要将电脑连接网络，并点击"√"进行校准数据的下载，如图 4-8 所示。

如果 IDS 已经存在此车的校准数据（例如此前已经做过同配置车辆的编程），则系统不会提示下载校准数据。

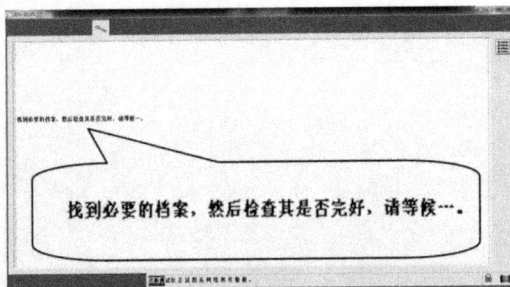

图 4-9　检查校准数据

IDS 找到所需的档案后，然后检查校准数据，如图 4-9 所示。

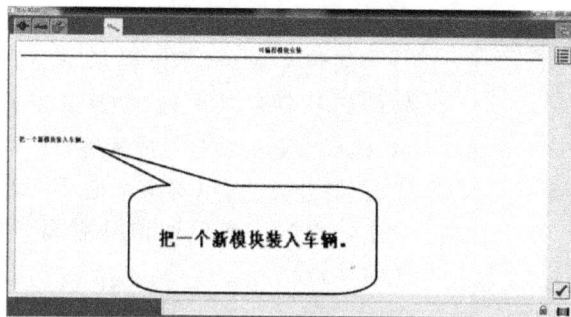

图 4-10　更换新 PCM

按照系统提示关闭点火开关,并更换一个新的 PCM,如图 4-10 所示。

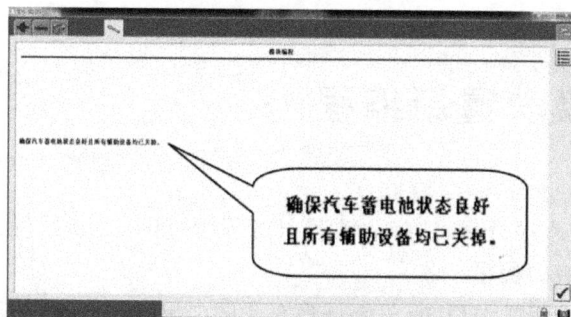

图 4-11　保证电源电压正常

按照系统提示,确保车辆的电源充足,如有必要则连接外部电源,并建议关闭车辆的用电设备,以免造成车辆电压不稳定,如图 4-11 所示。

图 4-12　执行编程

IDS 正在执行 PCM 的配置编程,如图 4-12 所示。

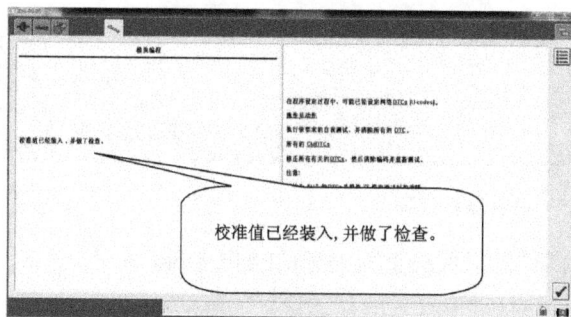

图 4-13　编程完成

校准数据已经编程到新的 PCM模块,操作完成,如图 4-13 所示。

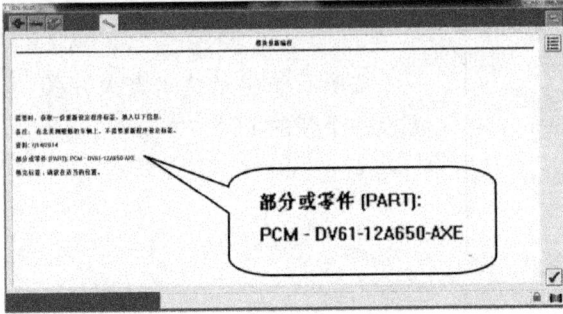

图 4-14　软件编号被更改

编程完成后,系统提示 PCM 的软件编号已经被更改,如图 4-14 所示,建议将新的编号做成标签,粘贴在 PCM 的外壳上,以备将来使用,如手动建立 IDS 与车辆通信时需要使用此编号。

4.2　模块重新编程

模块重新编程,相当于对模块进行新程序升级,选择此项若 IDS 提示"没有最新的校正程序……",则说明此模块此时并无可升级的程序。

模块重新编程的操作流程与模块更换编程类似,首先要确保车辆的电源电压稳定,然后连接 IDS,在模块编程功能中选择"模块重新编程",并选择需要执行编程的模块,最后按照 IDS 的提示步骤操作即可,如图 4-15 所示。

图 4-15　模块重新编程

下面以 C520 翼虎车辆的 IPC 模块为例,介绍模块重新编程的操作步骤。

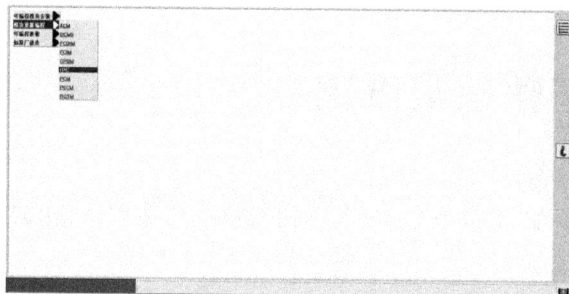

图 4-16　选择 IPC

打开模块编程功能,选择 IPC 模块,如图 4-16 所示。

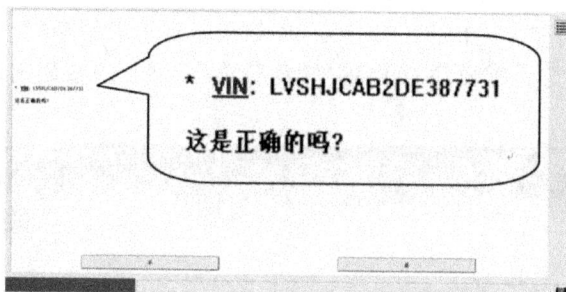

图 4-17　确认 VIN 号

确认 VIN 号是否正确,点击"是"继续,如图 4-17 所示。

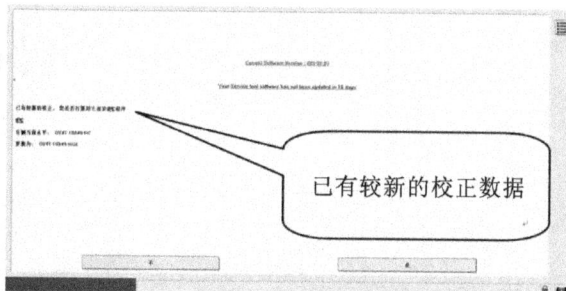

图 4-18　校正数据重新编程

系统提示 IPC 有较新的校正数据,点击"是",并按照提示完成校正数据的重新编程,如图 4-18 所示。

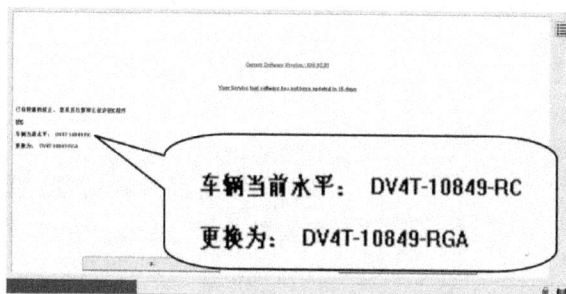

图 4-19　模块的软件编号改变

完成编程后,IPC 的软件编号将会发生改变,如图 4-19 所示。

4.3 车辆参数设定

车辆构造信息主要存储于车身控制模块（BCM）内，在车身控制模块构造期间，所需构造参数从 BCM 传输至相关模块。

4.3.1 车辆参数上传与修改

通过可编程参数可以更改车辆的部分参数，如图 4-20 所示，例如车辆自动上锁功能、车辆解锁方式、室内灯节电时间和轮胎尺寸等。需要注意的是，车型不同，可更改的参数则可能不同。

图 4-20 模块参数设定

修改车辆参数之前，需要先执行车辆参数的上传。下面以 C520 翼虎车辆为例，介绍车辆参数的上传与修改。

进入可编程参数功能，选择"汽车设置参数"，如图 4-21 所示。

图 4-21 选择"汽车设置参数"

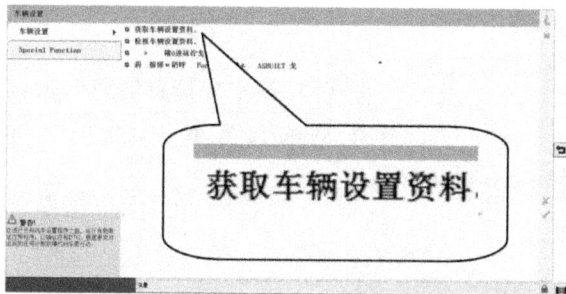

图 4-22 "获取车辆设置资料"

打开"车辆设置"菜单,选择"获取车辆设置资料",如图 4-22 所示。

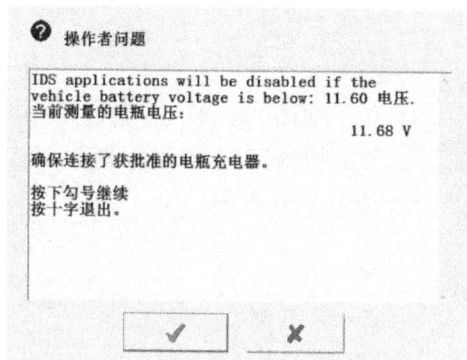

图 4-23 连接外接电源

按照系统提示,必须保证车辆的蓄电池电压在 11.6V 以上才可以执行车辆数据的上传操作。如有必要,请连接外接电源,如图 4-23 所示。

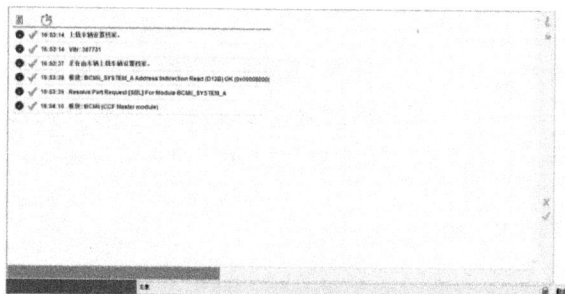

图 4-24 数据传输(一)

按照 IDS 的提示,打开或者关闭点火开关,系统即可执行数据的传输,如图 4-24 所示。

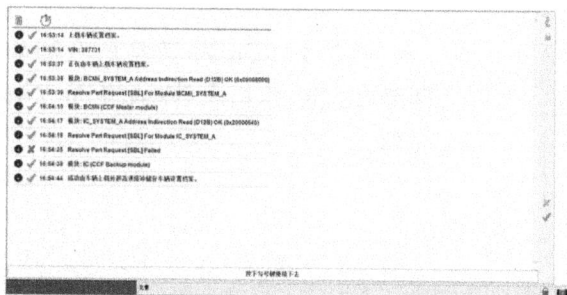

图 4-25 数据传输(二)

如果显示绿色"√",则表示项目的数据传输正常;如果显示红色"×",则表示此数据传输失败,如图 4-25 所示。

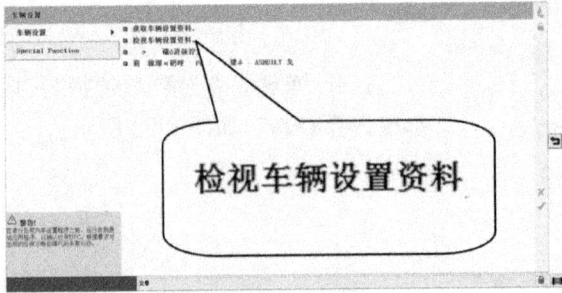

图 4-26 数据查看(一)

打开"检视车辆设置资料",可以查看车辆的设置参数,如图 4-26 所示。

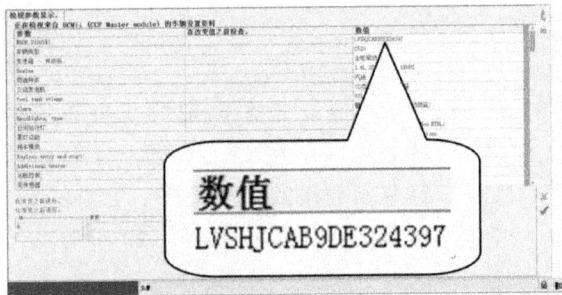

图 4-27 数据查看(二)

如图 4-27 所示,通过"检视车辆设置资料"可以查看车辆的 VIN 号,如图 4-27 所示。

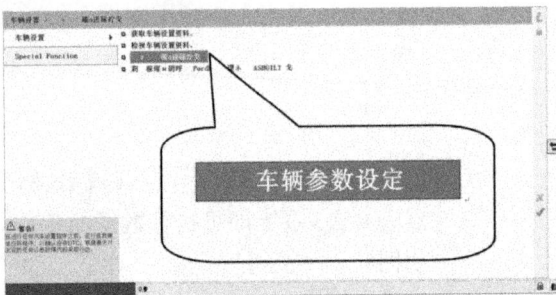

图 4-28 数据修改(一)

打开"车辆参数设定",即可打开车辆的设置参数,并可执行数据修改,如图 4-28 所示。

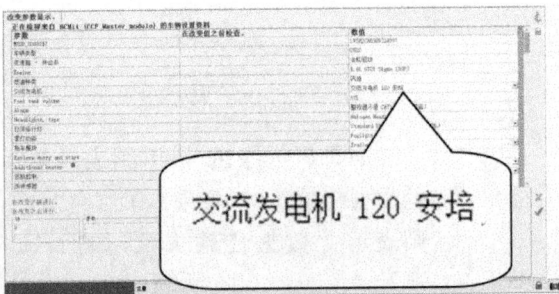

图 4-29 数据修改(二)

如图 4-29 所示,数据的右侧如果带有▼符号,则表示此数据可以被修改。

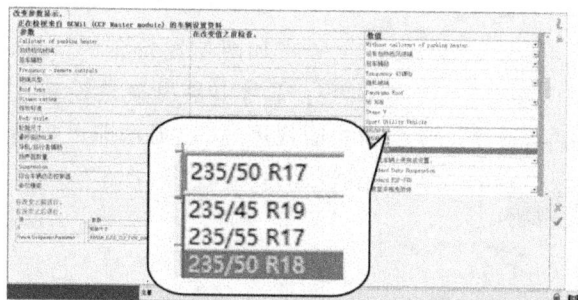

图 4-30　数据修改（三）

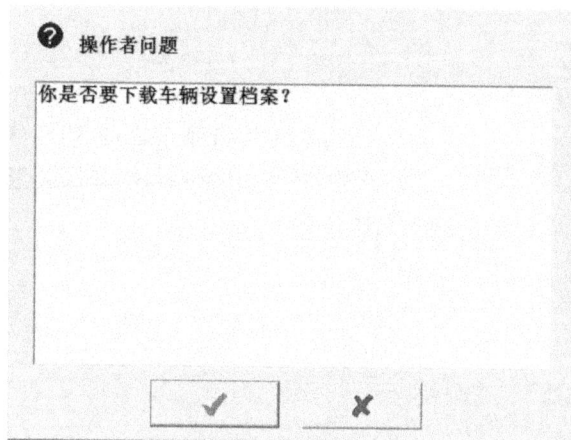

图 4-31　数据修改完成

例如，当车辆需要将 235/50 R17 的轮胎改成 235/50 R18 的规格时，需要在"轮胎尺寸"项目中修改参数数值，如图 4-30 所示。

按照提示，点击"√"，即可完成 BCM 与 IPC 的数据修改，如图 4-31 所示。

4.3.2　主模块与备份模块参数编程

基于安全原因，保存在 BCM 中的所有构造数据将备份到仪表模块（IPC）内。如果更换的是存储构造数据的模块，则需要执行相应的设置操作，以恢复新模块的数据。

1.使用主模块设定备份模块

如果更换了 IPC，则安装新的 IPC 后，车辆的构造数据将自动从主模块 BCM 中传输到 IPC 中，无须执行额外的操作去辅助此过程。

2.使用备份模块设定主模块

如果更换了 BCM，那么可以利用 IDS 从 IPC 中读取所需构造数据，然后传输给新的 BCM 模块。

下面以 C520 翼虎车辆为例，介绍使用备份模块设定主模块的操作方法。

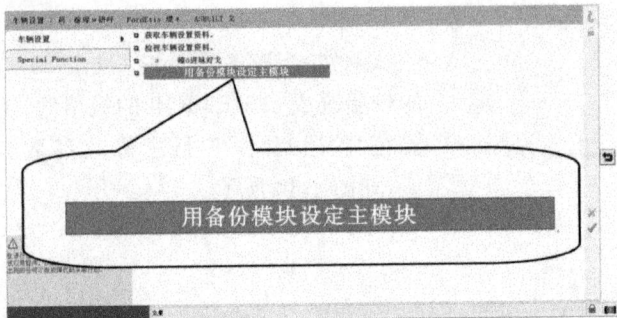

图 4-32　打开程序

点击如图 4-32 所示的链接，即可打开利用备份模块设定主模块的程序，按照提示即可执行主模块的设定过程。

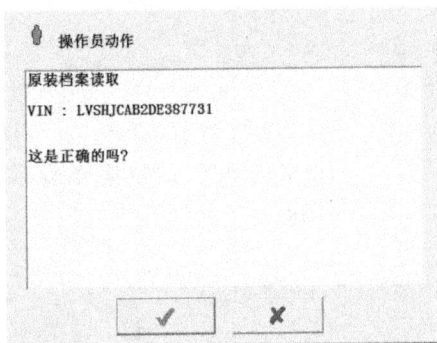

图 4-33　检查并确保车辆的 VIN 号正确

检查并确保车辆的 VIN 号正确，并点击"√"继续，如图 4-33 所示。

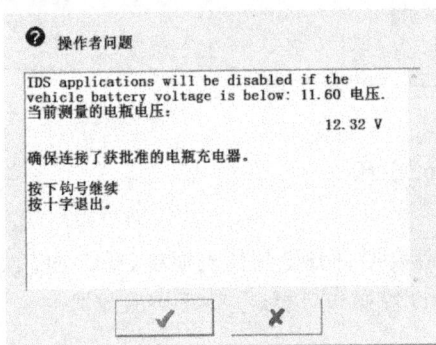

图 4-34　确保电源电压

确保车辆的蓄电池电源在 11.6V 以上，如有必要则连接外接电源，如图 4-34 所示。

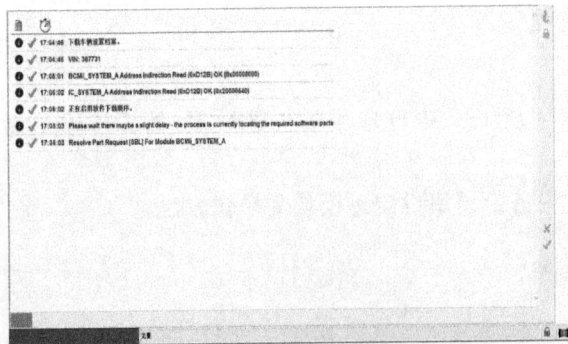

图 4-35　数据传输

开始执行数据的传输过程，备份模块 IPC 的数据向主模块 BCM 中传输，如图 4-35 所示。

96

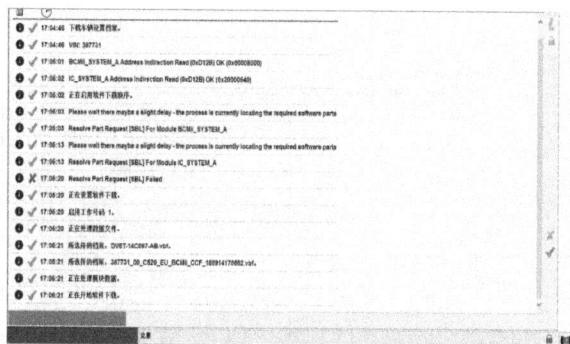

数据传输完毕,点击"√"即完成主模块的设定程序,如图 4-36 所示。

图 4-36 设定主模块完成

3. 使用原始数据设定主模块和备份模块

如果 BCM 和 IPC 同时被更换,或者无法从 IPC 中读取数据,那么在对 BCM 进行编程时需手动输入车辆原始数据。车辆原始数据可以从福特网站下载,并通过 IDS 编程到 BCM 和 IPC 中。

训练任务 7:模块更换编程

	训练情景	某车辆的 PCM 和 BCM 模块损坏,请你按照正确的流程执行模块编程,以完全恢复车辆的性能
	训练任务	①PCM 模块更换编程; ②BCM 模块更换编程
	训练目标	能够执行模块更换编程
	训练时间	70min
	注意事项	①执行模块编程时,一定要严格按照 IDS 的提示操作; ②编程时确保车辆的电源充足
	训练实施条件	福克斯 1 台,翼虎 1 台(其他车型也可)
	工具与设备	IDS、VCM

【技师组织与安排】

分两组进行,分别使用翼虎和蒙迪欧车辆进行训练。

时间	组别	任务	操作对象
0~25min	A	步骤1、2	福克斯
	B	步骤1、2	翼虎
25~50min	A	步骤1、2	翼虎
	B	步骤1、2	福克斯
50~60min	A、B	讨论	
60~70min	A、B	学员自评、教师评分	

【训练步骤】

1.PCM 模块更换编程

①执行模块编程前的准备工作:

_____

_____

_____

_____

②连接 VCM,建立 IDS 与车辆的通信,操作 IDS 进入"可编程模块安装"菜单。

③选择 PCM 模块。

④执行 PCM 模块编程,记录过程中的关键步骤。

_____

_____

_____

_____

_____

⑤完成 PCM 的更换编程后,需要执行哪些辅助操作?

_____

_____

_____

_____

_____

2.BCM 模块更换编程

①执行模块编程前的准备工作：

_____

_____

②连接 VCM，操作 IDS 进入"可编程模块安装"菜单。

③选择 BCM 模块。

④执行 BCM 模块编程，记录过程中的关键步骤。

_____

_____

_____

_____

⑤完成 PCM 的更换编程后，需要执行哪些辅助操作？

_____

_____

_____

3.讨论

①在执行模块更换编程过程中，如果蓄电池电压不足或者 VCM 连接断开等，可能出现什么后果？

_____

_____

_____

②在对 PCM 执行更换编程时，有时候提示下载校准数据，有时候不提示，为什么？

_____

_____

_____

③如果某车辆的 PCM 的软件损坏而硬件没有损坏，是否可以使用其他同配置车辆的 PCM 来编程此车的 PCM？如何操作？

_____

_____

_____

教师点评

教师：_____

训练任务 8：模块重新编程

	训练情景	厂家发布通告，需要对某批次车辆的 PCM 执行模块重新编程，以修复某项功能，请你按照规范程序和方法执行模块重新编程的操作
	训练任务	①IPC 重新编程； ②PCM 重新编程； ③其他模块重新编程
	训练目标	能够执行模块重新编程
	训练时间	40min
	注意事项	①执行模块编程时，一定要严格按照 IDS 的提示操作； ②编程时确保车辆的电源充足
	训练实施条件	福克斯 1 台，翼虎 1 台（其他车型也可）
	工具与设备	IDS、VCM

【技师组织与安排】

分两组进行，分别使用福克斯和翼虎车辆进行训练。

时间	组别	任务	操作对象
0～25min	A	步骤 1、2、3	福克斯
	B	步骤 1、2、3	翼虎
25～30min	A、B	A、B 组交换答案	
30～40min	A、B	学员自评、教师评分	

【训练步骤】

1. IPC 模块重新编程

①连接 VCM,建立 IDS 与车辆的通信,操作 IDS 进入"模块重新编程"菜单。

②选择 IPC 模块。

③如果 IPC 有较新的校准数据,则执行 IPC 模块重新编程,记录过程中的关键步骤。

_____

_____

_____

2. PCM 模块重新编程

①选择 PCM 模块。

②如果 PCM 有较新的校准数据,则执行 PCM 模块重新编程,记录过程中的关键步骤。

_____

_____

_____

3. 其他模块重新编程

①依次选择其他模块,如果有较新的校准数据,则按提示步骤执行重新编程的操作。

②此车辆哪些模块具有较新的校准数据?

_____

_____

_____

_____

_____

教师点评

教师：_____

训练任务 9:车辆参数设定

	训练情景	客户要求更改其车辆的某项设置(如车辆的分布解锁功能),请你按照正确的流程执行模块参数的修改,以满足客户的需求
	训练任务	①车辆数据上传、查看与修改; ②利用备份模块设定主模块
	训练目标	能够执行车辆参数的设定
	训练时间	70min
	注意事项	①执行模块编程时,一定要严格按照 IDS 的提示操作; ②编程时确保车辆的电源充足
	训练实施条件	福克斯 1 台,翼虎 1 台(其他车型也可)
	工具与设备	IDS、VCM

【技师组织与安排】

分两组进行,分别使用福克斯和翼虎车辆进行训练,完成后进行换组。

时间	组别	任务	操作对象
0~25min	A	步骤1、2	福克斯
	B	步骤1、2	翼虎
25~50min	A	步骤1、2	翼虎
	B	步骤1、2	福克斯
50~60min	A、B	讨论	
60~70min	A、B	学员自评、教师评分	

【训练步骤】

1.车辆数据上传、查看与修改

①连接外接电源,确保车辆的电源电压在 11.6V 以上。

②连接 VCM,建立 IDS 与车辆的通信,操作 IDS 进入"可编程参数"菜单。

③确认车辆的可编程项目,并记录其含义。

项目	功能
获取车辆设置资料	
检视车辆设置资料	
修改车辆设置资料	
采集 As-Built 资料	
备份模块设定主模块	

④执行"获取车辆设置资料"的操作。

⑤执行"检视车辆设置资料"的操作,此时是否可以进行参数的修改?

⑥执行"修改车辆设置资料"的操作,选择"车辆开锁模式""蓄电池节点功能"等项目,并修改其参数。按照 IDS 的提示,完成参数修改的操作。

⑦验证参数修改的结果,判断修改是否成功。

2.利用备份模块设定主模块

①连接外接电源,确保车辆的电源电压在 11.6V 以上。

②连接 VCM,建立 IDS 与车辆的通信,操作 IDS 进入"可编程参数"菜单。

③执行"备份模块设定主模块"的操作,记录注意事项。

④完成此操作后,还需要进行哪些后续操作?

3.讨论

①如果未执行"备份模块设定主模块"就进行 PATS 钥匙匹配操作,VIN 码会显示什么结果?

②对于 C346 福克斯车辆,更换 BCM 模块所需要做的全部工作包括哪些? 请按先后顺序进行记录。

③对于 C346 福克斯车辆,如果 IPC 和 BCM 都同时损坏,有哪些方法可以修复此问题? 如何操作?

教师点评

教师：_____